LES
BÉNÉDICTINS

A NIMES

OU

LE PRIEURÉ DE ST-BAUDILE

D'APRÈS MÉNARD ET LES DOCUMENTS ORIGINAUX

PAR

M. l'Abbé GOIFFON,

ARCHIVISTE DU DIOCÈSE DE NIMES

NIMES

GRIMAUD, LIBRAIRE
Boulevart St-Antoine.

BEDOT, LIBRAIRE
Près de la place de la Cathédrale.

1875

Nimes.—Typ. Bouyer-Soustelle, imprimeur de Mgr. l'Évêque, boul. St-Antoine, 9.

330

LES
BÉNÉDICTINS

A NIMES

—

A l'extrémité Nord-Est de la plaine de Nimes, s'ouvre un riche vallon entouré de pittoresques collines couvertes d'oliviers, au fond duquel court à mi-hauteur la voie ferrée de Nimes à Alais; c'est la Valsainte ou vallée de Saint-Baudile. Ce lieu fut longtemps pour nos pères, conjointement avec le sommet de la colline des Trois-Fontaines, un lieu de pélerinage fréquenté pendant tout le moyen-âge, non-seulement par les habitants de la cité, mais encore par de pieux fidèles venus de tous les points de l'Europe. Sur la colline et à l'ombre d'un antique ermitage, on allait vénérer le lieu consacré par le martyre d'un Apôtre, et, au fond de la Valsainte, les pélerins s'agenouillaient sur la pierre du tombeau qui, sous la protection d'une colonie monastique, renfermait les restes précieux de ce noble soldat du Christ.

De nos jours, des mains pieuses ont soigneusement restauré le Sanctuaire de la Colline, et, à certains jours, les foules y vont encore honorer le Martyr et chanter ses louanges. Mais il ne reste plus rien du monastère et des deux églises qui marquaient l'emplacement d'une glorieuse sépulture; l'hérésie y avait entassé les ruines au XVIe siécle; aujourd'hui les ruines mêmes ont disparu; on pourrait les retrouver dans toutes les constructions voisines, et le soc de la charrue a nivelé le terrain pour le livrer à la culture. Le temps n'est pas éloigné où l'œil découvrait encore quelques restes de l'enceinte primitive; il n'en existe plus maintenant que le souvenir, et cependant l'existence du Monastère de Saint-Baudile ne fut pas sans gloire. Essayer d'en retracer l'histoire est peut être téméraire après les travaux de M. Mathon et de M. Azaïs (1); il nous à semblé cependant qu'il nous serait possible d'ajouter quelque chose à leurs récits, et c'est ce travail que nous offrons à nos bienveillants lecteurs.

(1) 1° *Le Martyre de Saint-Baudile.*
2° *Saint-Baudile et son culte.*

CHAPITRE PREMIER.

SAINT-BAUDILE ET SON MONASTÈRE.

Nous ne reviendrons pas ici sur les origines de la foi chrétienne dans la vieille cité de Nimes. Cette question a été surabondamment traitée par M. l'abbé Azaïs, dans son ouvrage intitulé : *Saint Baudile et son culte* ; il demeure à peu près incontestable que Nimes reçut la lumière évangélique dès les premiers jours de la prédication des Apôtres et que saint Paul lui-même, obligé de traverser cette ville pour se rendre en Espagne, y séjourna quelque temps et y baptisa quelques néophytes ; une tradition digne de respect assure même que l'Apôtre préposa à ce petit troupeau l'un des personnages évangéliques, saint Célidoine, autrement saint Restitut, l'aveugle-né guéri par Notre-Seigneur, lequel fonda, peu après, l'église de Saint-Paul-Trois-Châteaux.

Ces premières semences religieuses furent bientôt fécondées par le trop rapide passage de saint Paul de Narbonne, ce Sergius Paulus, proconsul de l'île de Chypre, qui avait été converti par l'Apôtre des Nations. Presque en même temps paraissait dans nos contrées saint Saturnin, de Toulouse, dont il est facile de suivre les traces dans les environs de Nimes, et qui fut peut-être notre premier évêque, avant qu'il allât fonder et arroser de son sang l'Eglise de Toulouse.

Venu dans les Gaules avec les missionnaires que saint Pierre y avait envoyés, il avait, d'après la tradition, remonté le Rhône jusqu'auprès de l'embouchure de l'Ardèche et avait pénétré par là dans la Narbonnaise ; son nom resta à la première cité qu'il évangélisa et jusqu'au XIV° siècle elle s'est appelée Saint-Saturnin-du-Port ; c'est aujourd'hui le Pont-Saint-Esprit, dont l'église paroissiale est encore dédiée à saint Saturnin. De ce point, et par la voie romaine qui conduisait de Nimes au pays des Helviens, il s'avança vers la capitale des Volces Arécomiques, annonçant sur son passage *la bonne nouvelle.* La reconnaissance des populations lui dédia plus tard les églises de Gaujac, d'Aubarne et de Boisson.

Nous ignorons dans quelle mesure fut fécond l'apostolat de saint Saturnin dans la ville de Nimes; il est probable qu'il y fut moins fructueux que ceux de saint Trophime à Arles et de saint Maximin à Aix; nous savons seulement d'une manière certaine qu'il y convertit saint Honeste; il le promut bientôt au sacerdoce et l'envoya à Pampelune évangéliser les populations de la Navarre. Saint Honeste fit dans ces lieux de nombreux prosélytes, et le sénateur Firmus lui confia l'éducation de son fils Firmin qui fonda plus tard l'Église d'Amiens (1).

Ce ne fut probablement pas la seule conquête de saint Saturnin; il dut augmenter sans doute le petit troupeau qu'avait laissé l'apôtre saint Paul.

Saint Saturnin parcourut ensuite les environs de Nimes, et plusieurs églises de La Vaunage nous indiquent les principales stations qu'il fit dans nos contrées.

Les martyrs ne manquèrent pas à la cité nimoise et il n'est pas douteux que l'arène de notre amphithéâtre a été plus d'une fois rougie du sang des chrétiens, pendant la période des persécutions. M. Azaïs en trouve une preuve dans une inscription romaine incrustée dans le mur extérieur d'une maison de la rue des Jardins. Cette inscription, de la fin du IIe siècle ou du commencement du IIIe, est entourée de deux palmes et d'une couronne, symboles évidents du martyre.

Mais, nous devons l'avouer, si, dès les premiers jours du Christianisme, la cité nimoise entendit la prédication évangélique et fournit même des apôtres et des martyrs, la plupart de ses habitants suivait encore les erreurs du paganisme et se pressait autour des autels des faux dieux; et, selon les bollandistes : « le peu de prosélytes répandus dans la vaste enceinte de Nimes, ne pouvait former qu'un bien faible troupeau dispersé au milieu d'une nombreuse population; il manquait même à ce petit troupeau fidèle, l'enseignement des prêtres, de sorte que, comme des brebis errantes, les chrétiens languissaient loin des soins vigilants des pasteurs ».

(1) *Acta Sanctorum*, 13 février.

Prés de trois siècles s'étaient ainsi écoulés : Dioclétien venait d'associer à l'empire l'ignoble et cruel Maximien Hercule sous les ordres duquel la Gaule s'enivrait de sang chrétien. Les derniers jours de la petite colonie fidèle semblaient être arrivés, et chacun de ses membres se préparait à rendre au Christ le témoignage du sang. Cet instant, où le découragement aurait pu naître dans les cœurs, était cependant celui que le Seigneur avait marqué dans sa miséricorde pour féconder le sol nimois et y faire germer une illustre Eglise, par la prédication et le martyre de saint Baudile.

Divers anciens manuscrits nous racontent les *actes* de ce saint avec des variantes assez considérables ; notre but n'est pas d'en discuter les diverses circonstances ; M. l'abbé Azaïs l'a fait avec une critique sûre qui nous permet de le suivre simplement dans son récit ; d'ailleurs nous avons moins en vue dans ce travail la vie du saint que l'histoire des moines qui se chargèrent de la garde de ses précieuses reliques.

Saint Baudile naquit à Orléans d'une famille riche et illustre, et se rendit plus illustre encore par la régularité de ses mœurs et l'héroïsme de ses vertus ; instruit dès l'enfance des vérités chrétiennes, il ne se livra pas aux jeux du premier âge et se fit remarquer dès lors par le plaisir qu'il éprouvait à converser assidûment avec les serviteurs de Dieu et à faire ses délices des choses du Ciel. Arrivé à l'adolescence il prit un moment le parti des armes, selon quelques historiens, mais il dut bientôt quitter cette carrière et rentra dans sa maison paternelle où, faisant sans cesse de nouveaux progrès dans la vertu, il s'efforça d'atteindre les plus hauts degrés de la perfection. Au sein du bien-être et de l'abondance il sut ne pas attacher son cœur aux biens périssables de la terre dont il se servit de manière à mériter les titres glorieux de père des pauvres, de consolateur de la veuve et de l'orphelin, de refuge du pélerin et de l'étranger, de pourvoyeur du malade et de l'infirme, de protecteur de tous les malheureux ; c'est ainsi que, comme un astre radieux, il répandait autour de lui les rayons du bon exemple et faisait admirer à sa ville natale l'excellence de la religion chrétienne. Ce fut vers ce temps que cédant à la volonté de ses parents il s'engagea dans les liens du mariage, quoiqu'il se sentit déjà pressé de quitter sa ville natale pour aller évangéliser les contrées encore plongées dans les erreurs du paganisme.

Effrayé des sourires que lui prodiguait la fortune et des dangers que pouvait courir le salut de son âme au milieu de ses concitoyens, Baudile résolut bientôt de s'éloigner de sa patrie et de se rendre où Dieu conduirait ses pas; sous l'inspiration du Ciel, il vendit son riche patrimoine, en distribua le prix aux pauvres, puis accompagné de sa femme et de quelques serviteurs, il partit d'Orléans et ne s'arrêta dans sa course qu'au sein de la ville de Nimes, capitale de la seconde Narbonnaise. Cette ville populeuse entretenait partout un commerce important qui faisait ruisseler la richesse dans ses murs, mais la plupart des habitants étaient encore esclaves des erreurs de l'idolâtrie. Baudile résolut de tenter un effort suprême pour arracher la cité au paganisme, et en attendant le jour où il lui serait donné d'accomplir son pieux dessein, il consola et encouragea la petite colonie chrétienne et essaya même de semer l'Evangile dans les pays environnants; une tradition respectable le fait séjourner quelque temps à Bouillargues. Son passage est marqué dans cette paroisse par le nom du martyr donné à l'un des quartiers du territoire et par l'association de saint Baudile à saint Félix en qualité de patron de l'église paroissiale.

L'apôtre revint à Nimes le jour même où, dans une forêt attenante aux murs de la ville, les habitants réunis célébraient un sacrifice public en l'honneur de quelqu'une de leurs fausses divinités. Ce ne fut pas sans une inspiration d'En-Haut qu'il choisit ce jour; il n'ignorait pas qu'il aurait à souffrir pour le nom de Jésus-Christ, Dieu lui avait fait clairement entrevoir la couronne du martyre, pour prix de sa prédication.

Trouvant les rues désertes, Baudile se dirigea vers le bois sacré où les sacrificateurs immolaient déjà leurs victimes. A cette vue, l'apôtre enflammé d'un saint zèle attaque avec une indignation toute céleste ces idoles de pierre et de bois qui doivent être brisées et foulées aux pieds, et annonce le Dieu descendu sur la terre et devant lequel seul tout genou doit fléchir, toute tête s'incliner. Ses paroles pleines de véhémence provoquent d'abord l'étonnement et puis la fureur de la multitude qui, sur l'ordre de ses pontifes, veut contraindre Baudile à expier son prétendu sacrilége par un sacrifice aux faux dieux ; à son refus, des cris de mort se font entendre de toute part ; le saint est entouré et saisi, et on l'entraîne pour l'immoler aux pieds mêmes de l'autel ; la rage des sacrificateurs lui fit d'abord endurer les plus affreuses cruautés pour l'amener à brûler un peu d'encens aux idoles ; tout ce que peut inspirer une fureur insensée, tout ce que peut imaginer de tourments la férocité la plus barbare, fut employé pour vaincre le fidèle athlète du Christ. Mais le trouvant inébranlable dans sa constance et craignant l'effet de ses paroles et de ses exhortations sur le peuple, on prononça contre lui une sentence capitale. Baudile s'agenouillant aussitôt pria pour le salut de ses persécuteurs ; sa prière durait encore lorsque sa tête roula sur le sol et en fit jaillir la source des *Trois-Fontaines*.

La foule se dispersa après cette sanglante exécution ; les serviteurs du Martyr recueillirent alors ses restes glorieux, et traversant le vallon qui s'étend au pied de la colline, ils les ensevelirent furtivement à un millier de pas environ du lieu où le Saint venait de rendre témoignage à Jésus-Christ. Saint Baudile, naguère étranger dans Nimes, y a conquis par son martyre et sa sépulture non-seulement le droit de cité, mais encore les honneurs d'un patronage immortel (1). C'est que, comme le disait M. Pelet, le tombeau de saint Baudile est l'anneau merveilleux qui nous rattache aux premiers disciples du Christ ; c'est sa mort glorieuse qui a inauguré le Christianisme dans nos contrées méridionales. Nous sommes tous, *sans exception*, les héritiers de son martyre.

Le martyrologe romain fixe le martyre de saint Baudile au 20 mai ; cette date a été consacrée dans l'Église de Nimes, depuis de longs siècles, à honorer sa mémoire. Nous croyons cependant avec notre savant antiquaire, M. Germer-Durand, que la vraie date du martyre est le 21 mai. Le calendrier de la Rome payenne n'avait aucune fête au 20 mai, et tous les documents s'accordent à placer la mort de saint Baudile au jour où les habitants de la cité célébraient une fête solennelle dans un bois voisin des remparts. Mais le 21 se trouvait la fête des *Agonales*, en l'honneur de Vejovis ou Jupiter-enfant. Ce sentiment semble être corroboré par une inscription du musée de Carpentras, provenant du prieuré de

Saint-Maurice, près de Venasque, et dans laquelle une pauvre veuve du nom de Cypriana prie pour son mari Petrus, qui fut enlevé à sa tendresse, le 12 des Calendes de juin (21 mai), et elle ajoute : *Mais le martyr Baudile, en ce jour de sa passion, recommande au Seigneur son disciple bien-aimé.* Les incorrections de cette épitaphe et l'orthographe de quelques mots la font remonter à la fin du VIe siècle, trois cents ans seulement après le martyre de saint Baudile que l'on fixait donc à cette époque au 21 mai.

On l'a constaté dès les premiers jours de l'Église; le sang des martyrs fut toujours une semence de chrétiens. Rendus plus courageux par l'héroïsme de Baudile, aidés d'ailleurs par les nombreux miracles qui s'opéraient tous les jours au tombeau de l'Apôtre, les Chrétiens osèrent se produire au grand jour et bientôt, sous l'influence bienfaisante des édits de Constantin, le nombre des chrétiens s'augmenta considérablement, et le christianisme triomphant éleva sa principale église sur les ruines d'un temple d'Auguste; le tombeau du martyr glorifié par les prodiges qui s'y accomplissaient, fut entouré au IVe siècle d'un sanctuaire dans lequel les foules accoururent de toutes parts, pour implorer la faveur du Saint ou le remercier des grâces obtenues par son intercession; au VIe siècle, l'historien saint Grégoire de Tours raconte (1) que la dévotion à saint Baudile s'était répandue de son temps en diverses parties du monde chrétien, et que les miracles dont Dieu glorifiait le lieu de sa sépulture avaient été la source et l'origine d'un pèlerinage fréquenté : « De cette tombe, dit-il, à travers les fentes des murs, il était sorti un laurier gigantesque dont les feuilles rendaient la santé aux malades. » Les habitants des environs en avaient souvent éprouvé la bienfaisante efficacité, et les peuples lointains en avaient appris la nouvelle jusqu'en Orient. Aussi l'empressement qu'on mettait à emporter quelques fragments de cet arbre merveilleux était si grand que les feuilles n'y pouvant suffire, on s'en prit aux branches, des branches à l'écorce, de l'écorce à la tige, ce qui le fit enfin sécher et mourir. Ce laurier miraculeux reverdit dans la suite et projeta de nouveaux rejetons; il y a quelques années encore son vert feuillage dominait tous les arbres de la vallée de

(1) *De gloriâ Mart.* c 76.

Saint-Baudile. Les rigueurs d'un hiver désastreux, à plus d'un titre, (celui de 1871) l'avaient privé de vie, mais de sa tige flétrie poussent déjà de nouveaux rejetons. Dieu veut conserver le souvenir et le symbole de la victoire de son martyr sur le Paganisme.

Le bruit des prodiges qui s'opéraient à Nîmes arriva jusqu'à Orléans. Cette cité menacée, au milieu du cinquième siècle, par les hordes du féroce Attila, avait envoyé son évêque, saint Agnan, réclamer du secours auprès du général Aëtius qui gouvernait les Gaules pour l'empereur Valentinien III et qui résidait à Arles. Arrivé dans cette ville, il y accomplit sa mission, mais, désireux de procurer à son diocèse un secours plus puissant, il résolut d'aller prier sur le tombeau du martyr orléanais et de se procurer quelques portions de ses reliques ; ses démarches furent couronnées de succès, et saint Agnan reprit le chemin d'Orléans, emportant avec lui une partie du corps de saint Baudile. La tradition nous a conservé le souvenir des prodiges qui marquèrent le passage de ces reliques à travers les Gaules. A Vienne, la vertu de ces précieux restes rendit la santé à un jeune clerc, qui devint bientôt après évêque de cette ville ; ce fut le glorieux saint Mamert. Au monastère d'Arnac, dans le diocèse de Limoges, les prières de saint Agnan et l'invocation de saint Baudile rendirent la vue à l'abbé des religieux.

Dans ces siècles de foi, les peuples savaient compter sur la protection du ciel plus que sur la valeur des armées ; les habitants d'Orléans comprirent la grandeur du trésor que leur apportait saint Agnan, et leur confiance ne connut plus de bornes. Attila s'approchait, mais la ville comptait sur la défaite de son ennemi ; en effet, le *Fléau de Dieu* fut repoussé et dut se retirer précipitamment. Saint Agnan n'hésita pas à attribuer la délivrance de sa ville épiscopale à la puissante médiation de saint Baudile dont il fit solennellement déposer la relique dans l'église Saint-Pierre ; il marqua même sa sépulture auprès de la châsse du martyr. Cette église étant plus tard devenue la proie des flammes fut rebâtie par les libéralités du roi Robert, et l'on y transporta de nouveau les précieux restes de saint Baudile, de saint Agnan, et de plusieurs autres bienheureux. Le pieux monarque voulut prendre part à la cérémonie et il porta lui-même sur ses épaules les châsses des Saints à

ravers une foule innombrable de peuple. (1) Cette translation se fit
n 102: .Les guerres religieuses, du XVIe siècle dépouillèrent Orléans
e ces saintes reliques, et la ville natale de saint Baudile ne possède
lus aujourd'hui qu'un bien petit fragment de ces restes sacrés qui
ui fut accordé, vers 1855, par le curé de la paroisse Saint-Baudile,
le Nimes.

Les diverses invasions des Barbares avaient ruiné l'église bâtie
ur le tombeau de saint Baudile, mais n'avaient pas affaibli la con-
tance des Nimois envers leur saint Patron. Lorsque l'orage fut
assé, la dévotion des peuples se manifesta par de prodigieux
oncours et par la reconstruction de l'ancienne église, dont on
onfia le service à une colonie de religieux qui paraît avoir été la
première fondation monastique des environs de Nimes. Cette fonda-
ion remonte à l'an 511, elle se fit à la suite d'un nouveau miracle
lu Saint. Voici ce prodige, tel que le raconte saint Grégoire de
Tours (2).

La Provence et la Septimanie étaient alors sous la domination de
Théodoric, roi d'Italie, qui faisait gouverner ces deux provinces par
un seigneur visigoth, nommé Aram. Ce seigneur, irrité contre
l'archiprêtre du diocèse de Nimes, envoya des gardes dans cette
ville, avec ordre de l'arrêter, de l'enchaîner et de le conduire à
Arles, résidence des gouverneurs. Les gardes, trompés par de
fausses indications, se méprirent et, au lieu de l'archiprêtre, ils
saisirent l'archidiacre Jean qu'ils traînèrent avec eux, les mains liées
d'une chaîne dont l'un des bouts venait se fixer aux flancs de leurs
chevaux. Cet archidiacre, nous dit saint Grégoire, était un saint
homme qui prenait un soin tout particulier d'instruire la jeunesse
et qui se distinguait par une singulière dévotion à saint Baudile.
Le martyr n'abandonna pas son serviteur dans le péril où il se
trouvait. Il était déjà tard lorsque les soldats et leur prisonnier
arrivèrent à Arles ; les portes de la ville étaient déjà fermées et
force fut à l'escorte de passer la nuit sous les remparts.

Or, pendant cette même nuit, Aram vit en songe le vénérable
archidiacre qui lui faisait de vifs reproches sur l'injustice commise

(1) Hildeg. *in vitâ Roberti*, lib. viii, n° 32.
(2) *De Gl. martyr*, Lib. i, c. 78.

à son égard et le menaçait du jugement de Dieu. La frayeur éveilla le gouverneur en sursaut ; et, dans l'agitation qui le pressait, il s'enquit avec inquiétude des gens qu'il avait envoyés à Nîmes. Ayant appris qu'ils étaient de retour et que ses ordres avaient été exécutés, il ordonna de lui amener le prisonnier. A sa vue, il comprit l'erreur de ses gardes, s'excusa de ses torts auprès de l'archidiacre et le renvoya comblé de présents, oubliant même, à sa considération, tous ses griefs envers l'archiprêtre de Nîmes.

Saint Grégoire de Tours ajoute à ce récit que ce fut saint Baudile qui procura la délivrance du prisonnier et que le gouverneur Aram conçut dès lors une grande vénération pour le saint martyr et une grande amitié pour l'archidiacre qu'il fit élever, en 526, au siège épiscopal de Nîmes; Jean était d'ailleurs digne de remplir ce siège par ses mœurs et ses lumières (1).

C'est à cette époque aussi qu'en dehors de l'enclos du monastère fut construite une deuxième église du titre de Saint-Julien, dans laquelle les Religieux rendaient les services paroissiaux aux habitants des environs de la ville. L'évêque Jean y fut inhumé après sa mort ; l'un de ses successeurs, saint Remessaire, y choisit aussi sa sépulture en 610 ; cette église de Saint-Julien a subsisté jusqu'aux troubles religieux du XVI⁰ siècle.

Vers le même temps, la piété des fidèles dédiait, en divers lieux, des oratoires à saint Baudile ; la ville d'Uzès, par l'organe de son évêque, saint Firmin, le choisit pour l'un de ses protecteurs et fonda, non loin de la cité, du côté du Nord, une église richement dotée dans laquelle, en 553, saint Firmin marqua sa sépulture. Cette église et ses appartenances sont mentionnées dans un diplôme donné, en 896, par Louis, roi de Provence, en faveur d'Amélius, évêque d'Uzès, et confirmées comme possessions de sa cathédrale ; plus tard, cette église dédiée à saint Baudile fut placée sous le double vocable de saint Baudile et de saint Firmin ; elle a disparu au XVI⁰ siècle, ainsi que le bourg qui l'entourait ; son emplacement est marqué par une colonne de marbre surmontée d'une croix (2).

(1) Mathon, *le martyre de saint Baudile*, p. 119, Ménard, *Hist. des évêq. de Nîmes*, t. I. p. 44.

(2) *Gall. Christ.* t. VI, Eccl. Utic. instr. 1; M. Azaïs, *Saint Baudile et son culte*, p 45.

Le monastère de Saint-Baudile grandissait chaque jour sous l'influence des prodiges dont il était continuellement le théâtre ; il acquit même un très-haut degré de richesse et de réputation qui lui assura la prospérité pour l'avenir. Cet état d'abondance ne fut cependant pas pour les moines une occasion de relâchement dans la ferveur, et le grand nombre de pèlerins qui se pressaient dans l'enceinte de leur église n'enleva rien de leur régularité primitive ; aussi, lorsque le concile de Narbonne, tenu le 6 mai 589, eût ordonné aux évêques de la province d'envoyer dans les monastères les ecclésiastiques qui négligeaient l'étude, ou dont la conduite dans le saint ministère avait besoin de quelque réforme, l'évêque de Nimes désigna l'abbaye de Saint-Baudile comme lieu de retraite pour les clercs et les laïques qui avaient besoin de réforme ou d'instruction.

Pendant cette première période de l'existence du monastère, l'histoire ne nous a conservé le souvenir que d'un seul abbé de Saint-Baudile, c'est un nommé RAMIRE qui soutint le comte Hildéric dans sa révolte contre le roi Wamba et fut récompensé de sa complicité par sa nomination, en 673, à l'évêché de Nimes. Hildéric venait de chasser de ce siége le saint pontife Arège qui n'avait pas voulu tremper dans la rébellion. L'historien Julien, archevêque de Tolède, nous apprend que dans cette élection aucun ordre ne fut gardé, le métropolitain ne fut pas consulté et l'élu fut, malgré les canons de l'Eglise, consacré par deux évêques étrangers, de la faction d'Hildéric. Ramire essaya de défendre Narbonne contre les troupes de Wamba, mais il en sortit avant l'assaut et prit lâchement la fuite ; il fut arrêté dans le territoire de Béziers et conduit à Nimes, à la suite de l'armée victorieuse. Nous ignorons ce que cet intrus devint ensuite.

CHAPITRE II.

DESTRUCTION ET RESTAURATION DU MONASTÈRE.

Deux siècles d'existence avaient porté l'abbaye de Saint-Baudile au plus haut degré de prospérité ; quatre-vingts moines y pratiquaient la règle bénédictine et embaumaient la Valsainte du doux parfum de leurs vertus ; le monastère était devenu pour tout le diocèse de Nimes une école de doctrine et de piété ; le pèlerinage était toujours florissant ; mais des jours de deuil et de désolation allaient bientôt venir. Les invasions des Barbares avaient autrefois semé les ruines sur leur passage, mais en se convertissant à la foi chrétienne les Barbares avaient eux-mêmes aidé à la reconstruction des monuments détruits ; une invasion plus terrible et plus cruelle allait ravager nos contrées, dans le but avoué d'y détruire le nom chrétien.

Après avoir conquis et ravagé l'Espagne, les Arabes avaient, du haut des Pyrénées, jeté un œil d'envie sur la terre de France et y avaient fait une première invasion régulière, en l'année 719. Sous la conduite de Zama, une innombrable armée commença la conquête du Midi de la Gaule ; sur le passage de ces farouches conquérants les églises étaient détruites, les monastères démolis, les villes saccagées, les édifices pillés et livrés aux flammes ; « c'étaient partout, dit une vieille chronique, massacres horribles, et la terre était inondée de sang humain (1). »

A l'approche des Sarrasins les populations fuyaient épouvantées, les prêtres et les moines se hâtaient de soustraire à leur avide fureur les vases sacrés et les saintes reliques des églises et des abbayes. Déjà Psalmodi avait été détruit et les moines de Saint-Gilles avaient dû chercher un refuge dans le centre de la Gaule auprès du futur vainqueur des hordes Sarrasines.

Saint Romule, pour lors abbé de Saint-Baudile, comprit aussi la nécessité de fuir devant le torrent dévastateur qui marchait sur la

(1) Bolland. *in vitâ S. Ægidii,* 1er septembre.

ville de Nimes et il prit le parti de se réfugier avec ses moines dans une terre plus sûre ; mais, avant de quitter son monastère, il prit toutes les précautions nécessaires pour sauver les reliques du saint patron de la ville. Il fit enfermer ces précieuses dépouilles dans un cercueil de plomb qui fut ensuite profondément enfoui dans la terre sous l'une des murailles de l'église.

Saint Romule venait de partir à la tête de sa famille monastique lorsque les Arabes emportèrent la ville d'assaut et ensevelirent l'abbaye sous les ruines. Les Bénédictins nimois allèrent chercher, un asile dans des contrées lointaines, emportant avec eux une petite partie des restes de leur patron ; après de nombreuses haltes marquées par des églises en l'honneur du saint martyr, ils s'arrêtèrent à Saissi-les-Bois, au diocèse d'Auxerre. Un monastère existait déjà dans ce lieu sauvage, les moines de Saint-Germain qui l'occupaient le cédèrent aux Religieux fugitifs, et bientôt, sous la protection des rois Francs, à côté du monastère, s'éleva une église dédiée à saint Baudile, en souvenir de la patrie absente. Saint Romule mourut avant d'avoir achevé le sanctuaire dont il avait posé les fondements ; ce furent ses deux successeurs, Odon et Walaus, qui y mirent la dernière main (1).

Ce ne fut que vers la fin du viii° siècle, en 784, que se renoua la chaîne des évêques de Nimes, interrompue par les différentes révolutions qui se succédèrent longtemps dans le Midi de la Gaule ; Charlemagne régnait alors et la religion reprenait son empire sous l'heureuse influence de ce prince pieux. Il prit sous sa protection la cathédrale de notre ville, en 803, et lui unit le peu de biens qui n'avaient pas été usurpés sur l'ancienne abbaye de Saint-Baudile depuis le départ des moines.

C'est alors probablement que notre Cathédrale unit à son ancien vocable de Notre-Dame celui de Saint-Baudile qu'elle a conservé pendant plusieurs siècles. L'union de l'abbaye à la Cathédrale fut confirmée par les bulles de Nicolas I, en 860, et de Sergius III, en 909. C'est à partir de cette époque, et afin de conserver au moins le souvenir d'un monastère autrefois illustre, que l'un des membres du Chapitre de Nimes portait le titre d'abbé de Saint-Baudile, il

(1) *Saint Baudile et son culte*, p. 63.

prenait rang à la suite des quatre archidiacres et du trésorier ; nous n'avons pas la série complète de ces chanoines-abbés ; Ménard, n'en avait même inscrit qu'un seul dans ses listes, M. Germer-Durand, notre savant archéologue, en a signalé trois autres dont il a découvert les noms dans l'ancien cartulaire de Notre-Dame de Nimes, ce sont : AUTULFE *(Autulfus)*, nommé dans deux chartes, de 921 et de 923, sur les églises de Costabalens et de l'Agarne ; ROUBAUD *(Rodbaldus)*, qui souscrivit, en 984, une charte concernant Uchaud, et qui donna, en 985, une maison de campagne au lévite Bernard et aux chanoines de Nimes ; FLOUTIER-AUBERT *(Froterius-Adalbertus)*, qui a souscrit quatre pièces du cartulaire, (de 994 à 1020). Après eux nous trouvons avec le titre d'abbé de Saint-Baudile, le Chanoine PIERRE I ou PIERRON *(Petrus, Petro)* indiqué par Ménard, et témoin dans cinq chartes de 1041 à 1060.

Depuis le départ de saint Romule et de ses moines, le cloître de Saint-Baudile était resté désert, et son sanctuaire dévasté ne retentissait plus des chants sacrés. La ville de Nimes n'avait cependant pas perdu le souvenir de son Apôtre et avait essayé plusieurs fois de restaurer l'église bâtie sur son tombeau ; un évènement ménagé par la Providence vint complétement ressusciter l'amour des Nimois pour leur ancien patron. Ce fut l'invention des Reliques de saint Baudile et la translation qui s'en fit d'une partie considérable au monastère de Saissi-les-Bois.

Trutgaud, abbé de ce monastère, ayant été forcé d'en reconstruire l'église, conçut le dessein, pendant les travaux, d'enrichir cet édifice d'une partie des reliques du martyr Nimois auquel il était consacré. Sur ces entrefaites, l'abbaye de Saissi reçut, en 878, la visite du trop fameux Bernard, prince de Gothie, que le Concile de Troyes venait d'excommunier ; Bernard était accompagné de son oncle Gaucelin, alors abbé de Saint-Germain-des-Prés, et plus tard archevêque de Paris. Pendant son séjour à Saissi, Trutgaud et ses moines le supplièrent de leur accorder une partie du corps de saint Baudile, leur patron. Bernard promit de faire droit à cette demande, et emmena avec lui, dans ce but, deux religieux-prêtres.

Ces deux moines étant arrivés à Narbonne avec Bernard, celui-ci les présenta à Sigebode, archevêque de cette ville, et lui exposa le sujet de leur voyage. Le Prélat les reçut honorablement et eut beaucoup de joie du motif de leur députation ; il se proposait même d'aller avec eux à Nimes, mais une indisposition qui lui survint l'en ayant empêché, il nomma Théodard, archidiacre de son église, pour y aller à sa place, et fit aux religieux de Saissi des présents d'un prix merveilleux; c'étaient des reliques de saint Paul, premier évêque de Narbonne, et de saint Amant, qui avait aussi rempli le même siége. Les moines partirent ensuite avec Théodard et le Prince Ursus qu'on présume être le Vicomte de Nimes, et que Bernard avait députe à sa place pour assister en son nom à la recherche des reliques.

Quand le peuple nimois connut le motif de l'arrivée des religieux de Saissi, il commença à s'ameuter et menaça de tout entreprendre pour empêcher l'enlèvement d'un trésor qui lui était cher ; quelques uns même se disposèrent à prendre les armes pour défendre les reliques. Une vieille chronique, citée par l'historien Menard, ajoute que le démon cherchait à traverser le projet par la ruse, dans la crainte que l'invention du corps d'un si grand Saint ne lui enlevât ses créatures.

Malgré les efforts des habitants et avec le secours et l'appui du Seigneur Ursus, on fit la recherche des reliques. Là, dit la même chronique, se trouvaient Gilbert, évêque de Nimes, Walafrid, évêque d'Uzès, et plusieurs autres prélats et abbés, venus solennellement à l'église de Saint-Baudile ; c'était le 14 avril de l'année 878. Des fouilles furent faites en présence de l'archidiacre, du Vicomte Ursus et, sous les aupices du saint Martyr et par le secours de la volonté divine, les travaux amenèrent l'heureuse découverte du précieux cercueil de plomb, profondément enfoui sous les murs du temple sacré. La joie fut générale, les évêques entonnèrent le *Te Deum* qui fut continué par un chœur composé de cinq cents prêtres ou clercs accourus à la cérémonie.

Le même auteur nous apprend que dès qu'on ouvrit le cercueil il en sortit une odeur délicieuse qui embauma toute l'église ; il remarque de plus que, cette année, le pays ressentit une miraculeuse protection de Dieu, par les mérites de saint Baudile. L'invention de ces reliques fut accompagnée des plus grandes prospérités ; la piété des fidèles se ranima; l'orage de la part des Sarrasins, dont cette contrée était de nouveau menacée, se dissipa ; la fertilité des campagnes fut plus grande qu'elle n'avait jamais été, et les habitants du pays éprouvèrent les effets les plus signalés de la clémence et de la bonté de Bernard, Marquis de Gothie.

Cependant les prélats donnèrent aux religieux de Saissi une partie considérable du corps de saint Baudile. Ceux-ci reprirent le chemin de la Bourgogne, après avoir reçu la bénédiction des évêques. On ne saurait croire la quantité de miracles que Dieu opéra sur leur route, à l'occasion des reliques du saint Martyr. Voici ce qu'en raconte notre pieux chroniqueur.

Les moines de Saissi, prenant leur chemin par la Provence, cotoyèrent le Rhône et passèrent à Valence en Dauphiné où ils reçurent le plus cordial accueil de Racbert, évêque de cette ville ; ils entrèrent ensuite dans le Nivernais et s'arrêtèrent au village de Guépi. Là, du consentement d'Albon, évêque de Nevers, ils déposèrent les châsses dans l'église du lieu. A peine y étaient-elles placées, qu'un homme appelé Bernoard, tourmenté depuis longtemps d'une fièvre cruelle, accourut plein de foi et de piété et s'approcha des reliques, un cierge à la main ; il fut entièrement guéri dès qu'il eût allumé son flambeau. Le bruit de ce miracle se répandit aussitôt dans tout le voisinage et l'on vit arriver une foule innombrable de fidèles qui venaient vénérer les saintes reliques. Tous les prêtres et les moines des pays environnants y accoururent aussi et l'on y compta jusqu'à quarante croix de diverses paroisses. La foule accompagna les reliques, même au-delà du diocèse de Nevers.

De Guépi les moines s'avancèrent vers Champlémi qui est situé à l'entrée du diocèse d'Auxerre. Au sortir de ce village, une femme de Sully, atteinte de cécité depuis dix ans, vint se mêler à la foule de ceux qui accompagnaient les châsses et recouvra immédiatement la vue, de sorte qu'elle reconnut incontinent le curé de sa paroisse qui était présent. Au Val-de-Bargis, deux autres femmes, l'une aveugle, du lieu de Guarchi, l'autre percluse de ses membres furent aussi miraculeusement guéries.

Les religieux qui conduisaient les reliques étant sortis du Val-de-Bargis reprirent leur route avec une quantité prodigieuse de fidèles de l'un et de l'autre sexe. Mais cette foule qui allait à travers champs ne fit aucun dommage aux blés; les récoltes furent miraculeusement conservées et les champs foulés produisirent même une abondante moisson. Quand on eut passé la montagne, un peu avant que d'entrer dans le pré de Saint-Germain, une femme qui était aveugle depuis douze ans fut parfaitement guérie. Comme la foule croissait à chaque instant, les religieux firent halte dans ce pré et y déposèrent les châsses. Pendant le peu de temps qu'ils y restèrent, on ne cessa de chanter les louanges de Dieu, de faire des prières et d'annoncer au peuple la parole divine.

Cependant l'abbé de Saissi et tous les vénérables personnages accourus auprès de lui avaient fixé la réception des châsses au dimanche dans l'octave de l'Ascension, qui était cette année le 4 mai. L'église du monastère fut préparée avec toute la décence et tous les ornements exigés pour une imposante cérémonie. Ce jour attira dans l'abbaye une foule immense de tous les points de la contrée. Une affluence incroyable accompagnait les châsses portées sur les épaules des prêtres. Tout un peuple marchait en procession avec des croix, des bannières, des encensoirs, des flambeaux ; on aurait cru voir, dit le vieux chroniqueur, la multitude qui se nourrissait jadis de la parole du Christ, allant à sa rencontre, pour l'introduire en triomphe dans une autre Jérusalem. Derrière se traînaient des aveugles, sûrs de recouvrer bientôt l'usage de la vue ; puis des boiteux, que les mérites de saint Baudile devaient redresser ; puis des énergumènes qui allaient, au commandement de Jésus, vomir le malin esprit. Tous chantaient, comme ils pouvaient, les louanges de Dieu, et lançaient vers le ciel des prières et des gémissements. La tête du pieux cortége envahissait le monastère, cherchant à éviter la presse ; toutes les clôtures étaient franchies, l'église était encombrée. L'affluence était si prodigieuse que quelques-uns couraient sur la tête des autres ou étaient portés par le tourbillon ; les bâtons des bannières se brisaient, les portes craquaient, et pourtant personne n'eut le moindre mal ; ceux-mêmes qui étaient venus blessés s'en retournèrent guéris.

Les châsses qui renfermaient les précieuses reliques furent élevées sur les bras des prêtres, car il était impossible de fendre la foule et chacun se plaisait à toucher de la main le bois sacré d'où émanait une salutaire vertu. Lorsqu'elles entrèrent, les voûtes du temple retentirent d'un concert universel de voix et du chant des cloches ;

il sembla aux âmes fidèles que le Christ se promenait de nouveau sur la terre et l'éclairait de ses miracles.

Treize personnes atteintes de maladie ou percluses de leurs membres reçurent leur guérison, et, pendant qu'on célébrait la grand'messe, l'usage de la parole fut rendu à une femme de qualité qui, depuis deux ans qu'elle avait perdu son mari, était devenue muette. Il se fit encore de fréquents miracles depuis l'arrivée des châsses. On rapporte qu'un riche seigneur du pays, nommé Gilbert, ayant refusé avec mépris d'aller au-devant des reliques, fut subitement frappé d'une sorte de maladie qui le jeta dans le trouble et l'effroi et lui fit ressentir les plus cruels accès d'une terreur panique. Mais à peine eut-il promis à Dieu de se rendre à l'église de Saissi, qu'il rentra dans sa première tranquillité d'esprit. On ajoute que ce seigneur disait depuis que l'agitation où il s'était trouvé en cette occasion avait été plus violente que lorsqu'il avait eu les troupes des Normands à combattre. La chronique que nous citons raconte encore plusieurs autres prodiges parfaitement constatés ; les infirmités les plus avérées disparaissaient sous l'influence de la foi ardente des pélerins de saint Baudile. Le culte du saint martyr se répandit dès lors dans toute la Bourgogne et plusieurs églises lui furent dédiées.

Les reliques de saint Baudile furent honorées dans l'église de Saissi-les-Bois jusqu'au commencement du xe siècle, époque où les Normands s'étant répandus dans le Nivernais pillèrent et brulèrent le monastère. L'abbaye fut relevée de ses ruines, en 920, par Gaudry, évêque d'Auxerre, qui donna une châsse en argent doré pour renfermer les reliques de saint Baudile qu'on avait pu soustraire au pillage des Normands. Ces restes précieux ne disparurent qu'au xvie siècle, lors de la destruction du monastère de Saissi par les protestants (1).

Cette invention des reliques de leur patron engagea probablement les Nimois à restaurer l'église de Saint-Baudile ; toujours est-il qu'elle existait de nouveau au xe siècle ; nous voyons, en effet, que le 7 juillet 971, la sacristie de cette église fut le lieu choisi pour terminer un différend qui s'était élevé entre Raymond III, comte de

---

(1) Ménard, *Hist. de Nimes*, t. 1, liv. 2 ; Germain, *Hist. de l'Egl. de Nimes*, t. 1, p. 109 ; *Chron. III, apud* Ménard, t. 1, preuves.

Rouergue et marquis de Gothie, et Amélius, évêque d'Agde, touchant la possession de plusieurs églises ou villages. Les juges choisis étaient Bernard II, évêque de Nimes; Fulcrand, évêque de Lodève, et plusieurs seigneurs du pays (1).

Cette église fut enrichie d'une donation que lui fit Emma, veuve de Béraud et épouse de Guy. Cette dame donna à son second mari des vignes qu'elle possédait aux environs de Nimes, pour en jouir sa vie durant, sous la redevance annuelle de quatre setiers de vin à payer à Saint-Baudile. Après la mort de Guy, ces vignes devaient appartenir à Saint-Baudile ou aux chanoines de la cathédrale, pour leur nourriture. Cette donation est du 5 avril 973 (2).

L'église et même peut-être le monastère de Saint-Baudile sont encore mentionnés, vers 1015, dans le testament du chanoine Pons, qui donna dix sols à ce sanctuaire dont il est encore question à la fin de 1066. Le 15 décembre de cette année, il se tint dans l'église de Saint-Baudile une grande assemblée provinciale d'Évêques et de Hauts-Seigneurs, en présence desquels la Comtesse Almodis et Raymond de Saint-Gilles, comte de Rouergue, de Nimes et de Narbonne, firent don solennel de l'abbaye de Saint-Gilles à saint Hugues, abbé de Cluny, et à ses successeurs pour l'unir à son ordre. Les donateurs déclarèrent que le Pape leur avait donné cette abbaye et qu'ils l'unissaient à celle de Cluny, pour la rémission de leurs péchés et de ceux de leurs proches. et pour le salut de leurs vassaux, sauf la fidélité à l'Église romaine et au Pape, et sous l'obligation expresse de payer à cette Église l'ancienne redevance annuelle de dix sols (3).

Mais si l'église de Saint-Baudile avait été restaurée, on n'y faisait néanmoins aucun service régulier. L'ancien titre abbatial s'était même perdu, et le titulaire du bénéfice ne portait plus que le nom de prieur; c'est sous ce titre seulement qu'est désigné, en 1080, PIERRE II GUY.

La principale noblesse de la ville, touchée de cette situation déplorable, prit à cœur le rétablissement de l'ancien monastère. Raymond de Saint-Gilles, comte de Rouergue, qui faisait alors son principal

(1) Ménard, *Hist. de Nimes*, t. 1, liv. 2.
(2) M. Germer-Durand, *Cartul. de N.-D. de Nimes*, ch. 77.
(3) Ménard. *Hist. de Nimes*, t. 1, liv. 2.

séjour aux environs de Nimes, et Ermengarde, vicomtesse de cette ville, de concert avec les habitants les plus distingués, prièrent l'évêque Pierre Ermengaud de céder le monastère de Saint-Baudile à Séguin, abbé de la Chaise-Dieu, l'une des plus célèbres abbayes de l'Ordre de saint Benoit, située dans la Basse-Auvergne, à cinq lieues à l'orient de Brioude. L'Évêque se rendit volontiers à leurs prières et, conjointement avec ses chanoines, il fit donation de cette église et de ses dépendances à l'abbé Séguin et à ses successeurs, à perpétuité, pour y rétablir et entretenir le service divin. Cette cession se fit dans une assemblée qui fut tenue à Nimes et où se trouvèrent l'Évêque et ses Chanoines, ainsi que le Comte Raymond de Saint-Gilles, la Vicomtesse Ermengarde, et diverses personnes distinguées (1). Dix-huit moines de la Chaise-Dieu vinrent bientôt habiter le monastère.

Mais cette union si solennelle devint la source de diverses contestations entre les moines de la Chaise-Dieu et les chanoines de la cathédrale. Ce différend dura quelques années et ne fut terminé que par une sentence arbitrale rendue par Godefroy, évêque de Maguelonne ; Arbert, évêque d'Avignon ; Foulques, abbé de Psalmodi, et Lecbert, abbé de Saint-Ruf. Conformément à l'avis de ces arbitres, un accord fut passé, le 6 janvier 1100, entre Raymond Guillaume, évêque de Nimes, et Pons, abbé de la Chaise-Dieu, qui régla toutes les prétentions des uns et des autres. Par cet accord, l'abbé Pons céda à Raymond, évêque de Nimes, et à son clergé, les églises ou chapelles de Saint-Martin et de Saint-Pierre fondées dans le château des Arènes ; celle de Saint-Thomas, sur les murs de la ville, celle de Saint-Etienne, près du Capitole ou de la Maison-Carrée, et enfin celle de Saint-Vincent avec toutes ses dépendances, telles que la vicomtesse Ermengarde et le vicomte Bernard-Aton IV, son fils, les avaient autrefois données à Pierre Guy, alors possesseur du prieuré de Saint-Baudile.

De leur côté, l'évêque et les chanoines confirmèrent l'abbé Pons et ses successeurs, non-seulement dans la possession de l'abbaye de Saint-Baudile, sauf l'obéissance due à l'évêque, mais encore dans celle du monastère de Saint-Sauveur, fondé hors des murs de Nimes,

_____

(1) *Hist. de Lang.*, t. 2, pr. p. 319; Ménard. *Hist. de Nimes*, t. 1, liv. 2.)
351

auprès de la Fontaine, avec toutes les dépendances de l'un et de l'autre monastère, telles que l'église de Saint-Paul d'Uchaud, près de Nimes, et autres qu'on pourrait prouver avoir appartenu à l'ancienne abbaye. L'évêque se réserva seulement sur ces églises la quatrième partie des dîmes et des offrandes avec l'autorité et la juridiction épiscopales.

En outre, l'évêque et les chanoines s'accordèrent avec l'abbé de la Chaise-Dieu touchant la sépulture des habitants. Il fut convenu que ceux-ci, à l'exception des excommuniés et des interdits, auraient la liberté de se faire inhumer à leur choix, ou dans l'église de Saint-Baudile ou dans le cimetière de la cathédrale, avec permission aux moines de recevoir tous les legs pieux que les habitants voudraient leur faire pour le salut de leur âme. Il y avait outre cela un cimetière particulier sur lequel il s'était élevé des contestations ; mais les droits respectifs des parties ayant paru fort incertains, on prit le parti de l'interdire, de l'avis même des arbitres (1).

Sous la protection de saint Baudile et le zèle des nouveaux possesseurs du monastère, le culte de l'Apôtre de Nimes refleurit, les pèlerins reprirent le chemin du sanctuaire si longtemps délaissé, les miracles se renouvelèrent et la famille monastique s'éleva bientôt jusqu'au nombre de quarante-cinq religieux ; l'antique gloire de Saint-Baudile avait reparu (2).

Le concours des fidèles, toujours considérable, le devenait tellement au jour de la fête de saint Baudile, raconte Ménard, que pour prévenir tout désordre on établissait des gardes auprès du sanctuaire et des sentinelles aux portes de la ville. Ce prodigieux rassemblement de peuple fut l'origine de la foire du 20 mai, qui devint pour les religieux un précieux secours temporel, par les droits que le prieur du monastère prélevait sur les marchandises exposées en vente. Cette foire abolie depuis longtemps répondait à un véritable besoin, puisque, en 1844, sans se douter qu'il ne faisait en cela que ressusciter un ancien usage, le Conseil municipal de Nimes instituait une foire pour le mois de mai. Il eut été désirable, pour continuer la tradition, qu'on eût gardé la date du 20.

(1) *Histoire générale de Languedoc*, t. 2, pr. p. 352. — Ménard, t. 1, livre 2.

(2) *Mémoires de Catel*, p. 187. — *Mémoires de Tillemont*, t. 4, p. 471: 352

L'église du prieuré, selon que l'atteste une lettre de Pierre-le-Vénérable, abbé de Cluny, avait été reconstruite à grands frais par les moines, aidés des pieuses libéralités des fidèles. « Ce monument, nous dit M. Azaïs (1), appartenait par son architecture à la période romane qui a laissé de si nombreux monuments religieux dans nos contrées. Si nous en jugeons d'après un plan de Nîmes qui remonte au xvᵉ siècle, il était surmonté d'une tour carrée, percée de plusieurs rangs de baies à plein cintre. Tout autour s'élevait la pieuse demeure des religieux avec son cloître. Ce monastère entouré de jardins où l'on voyait toujours, au milieu des oliviers, le laurier traditionnel ombrageant le chevet du sanctuaire, se détachait du fond de la vallée comme le saint asile de la prière. »

Non loin de cette église se trouvait un cimetière dans lequel on déposait les dépouilles des religieux et celles des fidèles qui avaient réclamé la faveur de reposer, après leur mort, près de la tombe de de saint Laudile; ceux qui sollicitaient cette grâce ne manquaient pas d'enrichir le monastère de quelque don pieux et de demander aux moines le secours de leurs prières; c'est ainsi qu'en 1207, un pelletier de Nîmes, nommé Etienne de Saint-Baudile, écrivait dans son testament : « Je désire que mon corps soit enseveli dans le cimetière de Saint-Baudile, et je donne aux religieux deux champs que je possède sur les sablières de Saint-Baudile, à la charge, pour le sacristain de cette église, de faire dire deux messes pour le repos de mon âme (2). »

Pendant cette période de restauration l'histoire ne nous a conservé qu'un seul nom de prieur de Saint-Baudile ; c'est HUGUES que nous trouvons mentionné comme arbitre dans un acte judiciaire du 2 mars 1107 et qui gouvernait encore en 1109. Il était déjà peut-être à la tête du monastère lorsque, le 21 décembre 1101, Guiraud, Guillaume et Pierre de Bernis, de concert avec leurs femmes et leurs enfants, donnèrent à Saint-Baudile et aux moines qui habiteraient à l'avenir le monastère les dîmes et tous les droits de l'église de Saint-Paul d'Uchaud; peu de temps après, Raymond de Bernis, à son tour, donna au monastère tous les droits qu'il pré-

<hr>

(1) *Saint-Baudile et son culte*, p. 75.
(2) *Archives du Gard*, série H.
352

tendait sur l'église de Saint-Paul d'Uchaud, plus un pré et l'église de Saint-Pierre de Vaquières.

Ce même prieur, en présence et du consentement de Pierre-Bernard de Cortine et de Hugues Amareido, moines de Saint-Baudile, fit un accord, en 1109, avec l'abbé de la Chaise-Dieu, au sujet des légumes, du blé, de l'orge et du poivre provenant de la sépulture des Juifs. Pour comprendre cet acte, il faut savoir que les Juifs avaient leur cimetière sur un côteau appartenant au monastère et qui a longtemps porté le nom de Puy-Jusieu (*podium Judaicum*); c'est aujourd'hui le Mont-Duplan. Cet emplacement avait été concédé aux Juifs à la condition qu'ils payeraient pour chacun de leurs morts déposés dans le cimetière une redevance de neuf sols ou d'une livre de poivre, au choix du prieur. La construction du nouveau quartier de la Croix de fer sur le versant septentrional du Mont-Duplan a amené la découverte d'un certain nombre de tombeaux juifs.

Le monastère continuait à grandir lorsque l'évêque de Nîmes, Aldebert, éleva quelques prétentions pour le mettre sous sa dépendance; Jourdain de Montboissier, alors abbé de la Chaise-Dieu, n'oublia rien pour conserver ses droits; ce litige fut porté devant le pape Eugène III, qui commit Raymond de Montredon, archevêque d'Arles, et Guillaume Iᵉʳ, évêque de Viviers, pour examiner le différend et lui en faire leur rapport. A cette nouvelle, Pierre-le-Vénérable, abbé de Cluny, frère de Jourdain de Montboissier, et intéressé à ce titre à prendre sa défense, écrivit au pape, qui était pour lors en France, et lui dit que les commissaires nommés étaient suspects : le premier, par l'amitié qu'il portait à l'évêque Aldebert dans le diocèse duquel il était né, ayant même été offert dans sa jeunesse à la cathédrale de Nîmes et en ayant ensuite été chanoine, et le second, par les liens du sang et d'une égale amitié qui l'attachaient à Aldebert (1).

De ces moyens de récusation, l'abbé de Cluny passait dans sa lettre à ceux qui regardaient le fond de la cause ; il représentait au pape que l'abbaye de la Chaise-Dieu avait un droit incontestable

____

(1) *Gall. Christ.* t. 6. — *Petr. Vener.* lib. 3, épist. 4. — Ménard, t. 1, livre 2.

pour être maintenue dans une pleine autorité sur le monastère de Saint-Baudile ; qu'elle en jouissait depuis un temps très-éloigné, et qu'elle avait fait des dépenses immenses pour la réparation de l'église et des bâtiments. On ignore si le Pape se rendit aux remontrances de Pierre-le-Vénérable ou si le différend fut décidé par les arbitres nommés par le Souverain-Pontife. Il est du moins certain que l'évêque Aldebert reconnut le peu de fondement de ses prétentions. et passa un accord avec l'abbé de la Chaise-Dieu, par lequel il lui remit l'église de Saint-Julien, lui confirma celle de Saint-Baudile et reçut la cession de tout ce que l'abbé prétendait avoir sur le monastère de Saint--Sauveur-de-la-Fontaine et sur d'autres églises. Voici la traduction de cette charte (1) :

« Au nom du Seigneur — L'an de l'Incarnation de Notre-Seigneur 1149 (1150), régnant le roi Louis qui est à Jérusalem. Sachent tous que le différend qui existait entre Aldebert, évêque de Nimes et les chanoines de sa cathédrale d'une part, et Jourdain, abbé de la Chaise-Dieu et ses moines d'autre part s'est terminé par la transsaction amiable suivante, par le conseil et l'autorité d'Ebrard, évêque d'uzès, de Pierre, évêque de Lodève, du vicomte Bernard-Aton et de Brémond, d'Uzès. »

« Au nom du Seigneur, moi Aldebert, évêque de Nimes et les chanoines de Notre-Dame, nous concédons et nous louons à toi, Jourdain, abbé de la Chaise-Dieu et aux moines de la même église ainsi qu'à vos successeurs, l'église de Saint-Baudile et son abbaye changée en prieuré, et l'église de Saint-Julien, lesquelles églises sont près des murs de la ville, pour les avoir et les posséder à perpétuité avec toutes leurs appartenances ; ne retenant pour moi que le respect et l'obéissance dûs à l'évêque ; nous vous concédons l'église de Bezouce, celle d'Uchaud, celle de Radic (2) et celle de Langlade, avec toutes leurs appartenances. sous réserve du quart des dîmes, prémices et oblations, tant pour les vivants que pour les morts, ainsi que de la juridiction et de l'autorité épiscopales ; et dès ce moment sans arrière-pensée et à perpétuité, nous mettons fin à toute contestation pour ce que vous possédez ou tout autre en votre nom ».

(1) Archives de la Mairie de Nimes, série I, n° 3.
(2) *Sainte-Eulalie-de-Razil*, église aujourd'hui détruite, aux environs d'Aiguesvives, canton de Sommières.

« Et moi, Jourdain, abbé de la Chaise-Dieu, de concert avec mes moines, au nom de Dieu, j'abandonne à vous, Aldebert, évêque de Nimes et à vos successeurs le monastère de Saint-Sauveur avec toutes ses appartenances, ainsi que l'église de Saint-Martin, l'église autrefois dédiée à saint Pierre, l'église de Saint-Thomas qui est sur le mur de la ville, l'église de Saint-Etienne qui est près du Capitole, l'église de Saint-Vincent et ses appartenances, et les dîmes qui sont établies auprès des murs de la ville ; nous les abandonnons à vous, à vos chanoines et à vos successeurs respectifs, et dès ce moment, sans tromperie, nous mettons fin à toute discussion pour ce que vous possédez ou tout autre en votre nom. En outre, nous vous concédons cent sols melgoriens de redevance annuelle, payables par moitié à chacun des synodes par les susdites églises de Bezouce, d'Uchaud, de Radic et de Langlade ; et si la monnaie venait à perdre de sa valeur légale, il sera donné un marc d'argent par cinquante sols. De plus, nous vous cédons toutes les dîmes que nous avons ou que d'autres ont en notre nom dans vos paroisses, soit dans le territoire de Garons, soit ailleurs, et nous voulons que les chanoines n'aient aucunes dîmes à payer pour le Camp-Canourgue (1) ; nous nous engageons aussi à n'acquérir ni dîmes, ni chapelles dans vos paroisses. »

« Et moi, Aldebert, je vous accorde les dîmes que j'ai ou un autre en mon nom dans vos paroisses et je vous accorde de ne payer aucune dîme pour les deux terres que vous possédez dans la paroisse de Costabalens, (2) et vous promets de n'acquérir ni dîmes, ni chapelles dans vos paroisses. En outre, si quelqu'un de nos paroissiens veut élire sépulture auprès de saint Baudile, vous pourrez le recevoir en paix, ainsi que toutes les oblations qu'il pourrait vous faire pour le salut de son âme, à la condition qu'il ne sera ni excommunié, ni interdit ; tout cela sauf les honneurs dûs à la dignité épiscopale. »

« Et moi, abbé de la Chaise-Dieu et mes moines, nous promettons que nous ne recevrons dans notre cimetière que ceux qui se

(1) *Campus canonicus* aujourd'hui *Possac*, château et ferme du terroir de Nimes.

(2) *Costabalens*, église aujourd'hui ruinée aux environs de Pont-de-Quart.

seront voués au prieuré et que nous ne recevrons ceux qui se seraient voués qu'autant qu'ils ne seront ni excommuniés, ni interdits. »

« Et moi, Aldebert et mes chanoines, nous faisons semblable promesse de ne pas enterrer vos paroissiens. »

« Et moi, abbé, je retiens de pouvoir redemander les deux églises d'Anglas, celle de Teillan, celle de Malaspels, celle de *Silra* et celle de Saint-Michel-de-Varanègues, nonobstant cette transaction. (1) »

Remarquons dans cette charte, la clause par laquelle l'évêque et les chanoines s'engagent à ne pas donner la sépulture aux paroissiens de Saint-Baudile. Les habitants de la dimerie du monastère étaient déjà en effet réunis en paroisse et recevaient les Sacrements dans l'église de Saint-Julien. Nous verrons plus tard cette paroisse encore plus clairement désignée.

CHAPITRE III.

DU XIIIe AU XVIe SIÈCLE.— INVENTION DES RELIQUES DE SAINT BAUDILE.

Pons Fasian était prieur de Saint-Baudile au commencement du XIIIe siècle ; il signa, le 28 octobre 1211, un acte de réduction de cense et le 31 janvier 1213 (1214), du consentement de ses religieux, il conféra la cure de Saint-Julien-de-Langlade à Guirald de Larouvière, prêtre oblat du prieuré. On appelait *prêtres oblats* ceux qui, dès leur enfance, avaient été voués et consacrés par leurs parents dans une maison religieuse. Ce dernier acte est remarquable parce qu'il nous fait connaître le nombre des moines de Saint-Baudile à cette époque ; le prieuré n'avait plus que six religieux y compris le prieur. Cette décadence momentanée paraît avoir eu pour cause les guerres qui ensanglantaient alors nos contrées ; le monastère reprit son éclat sous le règne de saint Louis, et put de nouveau compter jusqu'à dix-huit religieux profés, ce nombre redescendit bientôt à seize et même à douze.

(1) Toutes ces églises sont situées dans le territoire d'Aimargues ou aux environs.

357

Pendant cette période, nous avons à signaler plusieurs prieurs. Le premier, par ordre de date, est PIERRE III DE VERCUEILLE, lequel en son nom et au nom de son monastère, passa avec les consuls et la communauté de Nimes un compromis au sujet des vacants, garrigues, montagnes et pacages de la dimerie de Saint-Baudile. Cet acte, daté du 14 avril 1240, fut ratifié trois jours après par les moines réunis en chapitre. Nous trouvons ensuite GIRBERT, qui passa sur le même sujet deux nouveaux compromis, en date du 19 juillet et du 5 novembre 1260, pour terminer des différends entre le monastère et la ville; Girbert gouvernait encore en 1276; il eut pour successeur, RIGALD, en 1278; le prieuré obéissait en 1287 à ROBERT GARNAUD qui consentit l'année suivante à une réduction de censive; ce prieur eut un différend considérable avec Bertrand de Languissel, évêque de Nimes, en voici le sujet.

Le Pape Martin IV avait accordé au roi Philippe-le-Hardi des décimes sur le clergé de France; dans la répartition que l'Évêque de Nimes fit de la quote-part de son diocèse, il taxa à trente-quatre livres le prieuré de Saint-Baudile; le prieur réclama et porta l'affaire au tribunal de la Sénéchaussée; il y fut condamné au payement de la taxe. L'affaire se représenta sous son successeur, RAYMOND I DE LA FAGE, qui posséda le prieuré de 1293 à 1297. Une autre cotisation ayant été faite, Raymond réclama, mais au lieu de s'adresser au Sénéc... ' il porta son appel devant le Pape, en 1295. Nous ignorons le..... s de cet appel.

RAYMOND II DE SOLIGNAC (*de Solemniaco*) fut prieur, de 1298 à 1303; il consentit, en 1301, à une réduction de censive. A cette époque, nous dit Ménard, l'abondance des grains était si grande et la rareté de l'argent si extrême à Nimes que, d'après un acte du prieuré du 16 décembre 1302, un sétier de froment ne valait que deux deniers, et celui d'orge un denier. Un autre acte du même monastère du 30 décembre 1303, nous apprend que Raymond de Solignac vendit à son successeur tout l'attirail nécessaire au ménage et à la culture des domaines du monastère, et qu'il lui céda pour la modique somme de 70 livres six bœufs, un mulet et quarante-trois porcs.

Le dernier acte de l'administration de Raymond de Solignac fut une transaction qu'il passa avec l'Évêque de Nimes, au sujet de la paroisse de Saint-Julien. Cette transaction fut rédigée devant le notaire Bernard-Orson, en vertu d'une sentence arbitrale rendue le 21 octobre 1303 par Pierre de Saint-Georges, docteur, prieur de Caissargues, nommé à cet effet par l'Évêque de Nîmes et le prieur de Saint-Baudile. Cette pièce réglait les droits de l'évêque et les devoirs du prieur au sujet de cette cure destinée, comme nous l'avons déjà dit, à fournir les secours religieux aux habitants de la dîmerie de Saint-Baudile.

En vertu de cette charte, 1° l'Évêque avait le droit de faire deux visites par an, l'une pour le prieuré de Saint-Baudile, l'autre pour l'église de Saint-Julien, comme dans les autres paroisses de son diocèse ; 2° le prieur était obligé de présenter tous les ans à l'Évêque un prêtre séculier pour la cure de Saint-Julien, lequel devait lui obéir comme les autres prêtres séculiers de son diocèse ; 3° Le prieur de Saint-Baudile ne pouvait présenter un vicaire perpétuel, mais seulement un vicaire annuel et amovible, et l'Évêque ne pouvait forcer le prieur à lui présenter un prêtre comme vicaire perpétuel, mais seulement comme annuel ; 4° Le prieur de Saint-Baudile n'était tenu de donner audit prêtre et curé amovible que le salaire convenu entre eux, sans que ce prêtre pût rien prétendre ou exiger au delà ; 5° il était enjoint au prieur de rétablir les fonts baptismaux de Saint-Julien, ainsi qu'il y était tenu ; 6° quant à l'obéissance et soumission que l'Évêque prétendait lui être due par le prieur de Saint-Baudile, la sentence arbitrale en déchargeait celui-ci, après une exacte recherche du passé ; 7° il fut convenu qu'au lieu de cette obéissance et soumission, à chaque mutation de prieur et avant de commencer son administration, le nouveau titulaire serait tenu d'aller en personne se présenter à l'Évêque, s'il se trouvait dans la ville ou dans le diocèse, lui faire la révérence due et dévote, et lui promettre de parole que, tant qu'il serait prieur de Saint-Baudile, il lui rendrait ses respects et ne l'offenserait en quoi que ce fût.

La sentence arbitrale portait ensuite que le prieur et les moines de Saint-Baudile seraient tenus de répondre devant l'évêque et devant sa Cour des délits et cas qui arriveraient dans les lieux non-exempts et privilégiés, sauf les priviléges du monastère de la Chaise-Dieu ; en outre, en vertu des pouvoirs donnés au juge arbitral par les parties, elle absolvait ceux qui avaient encouru l'excommunication de l'évêque dans cette affaire et les remettait comme auparavant.

Cet acte fut ratifié par l'évêque de Nimes, Bertrand III de Languissel, le Chapitre cathédral, les prieurs de la Chaise-Dieu et de Saint-Baudile et les moines de ce dernier monastère.

RIGALD DE MONTCLAR prit possession du prieuré, en 1304; il y resta peu, et, dès l'année suivante, il l'avait cédé à ETIENNE DE MONTCLAR, son parent. A celui-ci succéda, en 1320, BERNARD DENTIL, et, en 1323, PIERRE IV MALBOSC, après lequel, de 1323 à 1332, le prieuré appartint en commende à IMBERT DUPUY, originaire de Montpellier. C'était un ecclésiastique d'un rare mérite et d'une grande vertu que le pape Jean XXII créa cardinal-diacre du titre des Douze-Apôtres, le 18 décembre 1327. Imbert Dupuy administra son bénéfice a ·· une grande sagesse et déploya beaucoup de zèle pour la conserv.·.on des biens du monastère; il fit à cet effet dresser un rôle de toutes les redevances appartenant au prieuré; les archives de Saint-Baudile nous apprennent, en outre, que le 23 février 1328 (1329) il lui fut passé une reconnaissance féodale d'un cens de trois deniers et d'une canne d'huile sur un enclos situé à Nimes, par Françoise de Languissel, religieuse de l'abbaye de Saint-Sauveur de la Fontaine, au nom de son abbesse et de son monastère. Dupuy quitta le prieuré de Saint-Baudile, vers l'an 1332, pour prendre la prévôté de l'église de Posen ou de Presbourg, en Hongrie, qu'il quitta dix ans après pour la cure de Frontignan, au diocèse de Maguelonne. Par son testament, il fonda à Montpellier une collégiale, du titre de Saint-Sauveur, pour douze chanoines; d'après Ménard, il mourut à Avignon, le 26 mai 1348; un autre historien place sa mort à Montpellier, le même jour.

Le successeur de Dupuy fut un personnage encore plus illustre, nommé PIERRE ROGER DE BEAUFORT, né au château de Maumont, dans la paroisse des Rosiers (Bas-Limousin); il fut d'abord religieux de la Chaise-Dieu et prit possession du prieuré de Saint-Baudile, en 1332; il garda ce bénéfice pendant dix ans, quoiqu'il eût été nommé abbé de Fécamp et successivement archevêque de Sens et de Rouen. Le 18 décembre 1337, Benoît XII le créa cardinal-prêtre du titre des saints Nérée et Achillée; il devint pape, en 1342, sous le nom de Clément VI; c'était un homme d'une grande science et d'une mémoire prodigieuse; c'est à lui que le Saint-Siége dut la possession définitive d'Avignon qu'il acheta de la reine Jeanne de Sicile. Clément VI mourut le 6 décembre 1352 à Villeneuve-lez-Avignon, d'où l'on transporta son corps en grande pompe à la Chaise-Dieu pour y être inhumé. Les moines de Saint-Baudile, loin de se prévaloir de la dignité suprême à laquelle leur prieur avait été élevé, se contentèrent de solliciter de lui des faveurs spirituelles propres à conserver dans les cœurs la dévotion au patron de leur monastère et de la ville; ils en obtinrent, en 1344, une indulgence de quarante jours pour les principales fêtes de l'année; le bref qui concédait ces indulgences fut mis à exécution par l'évêque Bertrand de Déaux.

Ces faveurs spirituelles augmentèrent la confiance des pieux fidèles nimois envers leur saintprotecteur, et nous les voyons, quelques années après, recourir à son intercession dans les calamités publiques.

En 1362 la sécheresse des campagnes était extrême, tout espoir de récolte semblait perdu sans une intervention du ciel; la ville affligée se tourna vers saint Baudile et l'on fit, le 12 avril, une procession solennelle pour demander la pluie; la ville entière se porta à la cérémonie; les huit consuls y assistèrent, portant chacun un flambeau à la main. Le pieux cortège sortit de la ville, précédé de deux ménétriers qui jouaient de la cornemuse et du cornet, et alla faire station aux Trois-Fontaines, lieu du martyre de saint Baudile. Le 19 du même mois une nouvelle procession fut faite pour le même objet, avec une solennité plus grande que la première; on avait joint un trompette aux deux ménétriers, et les flambeaux que portaient les consuls étaient chargés d'écussons peints aux armes de la ville. La station se fit à l'église même du monastère de Saint-Baudile (1).

La dévotion de la ville envers son glorieux martyr s'affirmait aussi dans les circonstances solennelles de sa vie politique. D'après une coutume fort ancienne, le jour même de leur entrée en charge, les consuls, nouvellement élus, devaient se rendre à l'église du monastère et faire publiquement hommage à saint Baudile de la

____

(1) Ménard, *Hist. de Nimes*, t. I., pr. chr. III.

dignité dont ils prenaient possession. Le prieur du monastère s'avançait au-devant d'eux à quelques pas des portes de l'église, entouré de ses religieux et des fidèles présents; il leur offrait l'eau bénite et les conduisait ensuite auprès du maître-autel; leur prière finie, les nouveaux consuls prêtaient serment sur le saint Evangile, entre les mains du prieur qui leur adressait une courte allocution. De l'église, les consuls passaient dans le monastère où les religieux leur rendaient les honneurs convenables. Le dimanche suivant, les consuls se rendaient de nouveau à la même église avec les anciens conseillers de ville, et assistaient à la messe pendant laquelle ils faisaient leur offrande en l'honneur de saint Baudile, et se recommandaient eux-mêmes et tout le peuple à sa puissante intercession. Le 20 mai, jour de la fête du saint, la ville faisait célébrer dans l'église du monastère la messe hebdomadaire qu'elle faisait dire pour ses besoins et le Conseil de ville y assistait en corps. En se retirant, les consuls laissaient auprès du monastère une partie de leur escorte pour maintenir l'ordre au milieu du grand concours d'étrangers qui affluaient ce jour-là autour des reliques de saint Baudile.

Les habitants de Nimes ne séparaient pas dans leur ferveur la colline consacrée par le martyre du saint de la vallée qui possédait son tombeau, et les Trois-Fontaines restèrent toujours chères à leur piété; ils ne manquaient pas de faire une station sur la colline en allant vénérer les reliques de la vallée. C'est ainsi que nous avons vu une procession en faire le but d'un pieux pélerinage. A cette époque probablement il existait déjà sur la montagne un sanctuaire ou une croix marquant le lieu où, suivant la tradition, la tête de saint Baudile, bondissant sur le sol, en fit jaillir une eau miraculeuse. Il paraît même que les nouveaux consuls ne se considéraient comme complétement investis de leurs fonctions municipales qu'après avoir prié auprès des Trois-Fontaines, au sortir de la cérémonie qui se faisait au tombeau du Saint. Cet oratoire fut reconstruit au mois de décembre 1479, et la ville se fit un honneur de contribuer en partie aux frais de cette restauration; elle fit en même temps construire un ermitage aux environs de la chapelle et réserva aux consuls la collation de ce bénéfice à un prêtre de leur choix, chargé de desservir le sanctuaire et d'y recevoir les pieux fidèles (1).

Nous ignorons quel fut le successeur immédiat de Clément VI dans le prieuré de Saint-Baudile, nous savons seulement que BLANC D'URIANE (*aliás*, *de Riane*), licencié en décrets, vicaire-général et official d'Uzès, tenait le bénéfice en commende, en 1366; il reconnut cette année-là, devant l'official du monastère de la Chaise-Dieu, qu'il était obligé à entretenir à Saint-Baudile douze religieux, parmi lesquels étaient un sous-prieur, un cellérier, un sacristain et deux religieux claustraux; les autres étaient probablement des frères convers. Blanc d'Uriane possédait encore le prieuré en 1392; il fut l'un des exécuteurs testamentaires de Geoffroi Paumier, lieutenant du roi en la Sénéchaussée de Beaucaire et de Nimes. Ce magistrat, non moins fervent chrétien qu'habile légiste, n'oublia dans son testament aucune des communautés religieuses de Nimes. Voici l'article qui concernait le monastère de Saint-Baudile : « Je lègue en l'honneur de Dieu, de la Bienheureuse et glorieuse Vierge, sa Mère, et du martyr saint Baudile, pour le salut de mon âme, de mes parents, de mes fils et bienfaiteurs, audit saint Baudile et à l'église, prieuré et couvent de Saint-Baudile, près de Nimes, à perpétuité, la maison que j'habite à Nimes, dans la rue Caguensol, à condition que le prieur et les religieux dudit prieuré seront tenus de faire célébrer, à perpétuité, chaque semaine, trois messes pour mon âme et celles de mes parents, fils et bienfaiteurs, et qu'un religieux, prêtre du même couvent, dira, tous les jours, une messe des morts à la même intention, à moins que la solennité du jour n'empêche de dire cette messe des morts; on dira alors la messe de la fête, mais toujours pour le salut de mon âme et pour tous les miens (2). »

Blanc d'Uriane devait être originaire de Nimes, car il possédait une maison dans la même rue que son pieux ami Paumier; c'était un homme instruit et un orateur distingué; il fut chargé de prononcer à la cathédrale, en présence des consuls, l'oraison funèbre du roi Charles V (3).

(1) Voir notre notice sur la paroisse Saint-Charles, p. 11, et M. de Lamothe, *l'Oratoire de la fontaine de Saint-Baudile.*

(2) Ménard, *Hist. de la ville de Nimes*, t. 3. pr. ch. 31.

(3) Ibid. t. 3, liv. 8,

Pendant le cours du xv° siècle nous n'avons guère à inscrire que les noms des prieurs qui se succédèrent à Saint-Baudile. En 1411, frère JACQUES BENOIT gouvernait le monastère ; nous trouvons ensuite MARTIN FÉLIX, en 1429 ; DURAND POLVARET, en 1466 ; JACQUES DU VERGER, religieux bénédictin et bachelier en l'un et l'autre droit, en 1471 ; GONOT DE PÉLISSAC, en 1487 ; celui-ci reconnut devant l'abbé de la Chaise-Dieu qu'il devait entretenir douze religieux dans le prieuré (1). Sous ce dernier prieur, en 1494, la ville de Nimes fut frappée de la peste ; le fléau fit subitement de si violents ravages que chacun cherchait à s'en garantir par la fuite. Le peuple consterné implora le secours du ciel par des processions réitérées et n'oublia pas dans sa détresse son protecteur saint Baudile ; l'une des processions se rendit à l'église du monastère et y prit les reliques du saint qu'on promena, au chant des cantiques sacrés, dans les rues de la ville décimée par la contagion. Ce fait nous prouve que les religieux possédaient une relique de saint Baudile, et qu'ils l'exposaient à la vénération du peuple (2). C'était, croyait-on généralement, le seul reste que Nimes possédât des dépouilles de son patron.

Les religieux de Saissi-les-Bois n'en avaient cependant emporté qu'une partie, et le reste avait été remis dans le même cercueil et de nouveau enfoui sous les murs de l'église, en 878. Voulant détruire complétement l'opinion erronée de ceux qui pensaient que Nimes ne possédait presque plus rien des reliques de saint Baudile, le Conseil de ville, de concert avec les officiers du roi et le lieutenant du vicaire général de l'évêque, délibéra, vers le commencement d'avril 1517, de faire ouvrir et visiter publiquement le tombeau du Martyr ; on commit à cet effet Jean Colomb, évêque de Troyes, religieux de l'ordre des Carmes, qui se trouvait alors à Nimes où il était venu prêcher le Carême. Aussitôt après cette délibération qui combla de joie les cœurs des fidèles, on s'adressa à l'abbé de la Chaise-Dieu pour obtenir qu'il consentît aux recherches. Cet abbé ayant mandé aux consuls qu'il approuvait l'ouverture et la visite du tombeau, pourvu que son vicaire y fut présent, le Conseil de ville délibéra, le 6 mai suivant, de faire entièrement ouvrir et visiter le tombeau,

(1) *Archives du Gard*, série H.
(2) Ménard, t. 4, liv. 11, M. Azaïs, *Saint Baudile et son culte*, p. 101.

aux dépens de la ville, quoi qu'il en coûtât. Les fouilles commencèrent aussitôt ; le ciel bénit la pieuse entreprise et le corps de saint Baudile fut retrouvé avec quelques autres reliques. A cette nouvelle, le peuple fit éclater sa joie et se porta avec un pieux empressement vers l'église du monastère pour y vénérer les restes de son glorieux protecteur.

En même temps, le Conseil de ville réuni en session extraordinaire, le 27 juin, sous la présidence du juge royal ordinaire, délibéra que le saint dépôt ne serait point ôté de la place où on l'avait retrouvé, mais qu'on mettrait au-devant du tombeau une forte grille de fer dont les barreaux auraient trois pouces d'épaisseur ; qu'on établirait quelques marches pour rendre l'accès du tombeau plus facile, et qu'en attendant que ces travaux fussent exécutés, le corps du saint serait gardé nuit et jour ; qu'on appellerait le frère Colomb pour mettre tout en ordre ; qu'on ferait un cercueil de plomb pour garantir le saint corps de toute altération, et qu'on placerait un tronc au-devant pour recevoir les libéralités des fidèles.

L'évêque de Nîmes ne permit pas à frère Colomb de présider la cérémonie de l'élévation des reliques ; nous ignorons s'il la présida lui-même ou s'il commit à cet effet un dignitaire de l'Église de Nîmes.

Quand les préparatifs furent achevés, les magistrats en donnèrent avis à l'évêque et la cérémonie se fit solennellement au milieu des transports de la foule. Les saintes reliques furent placées dans une caisse en plomb et déposées dans une châsse en bois de cyprès qu'on fit entourer d'une grille de fer. Le précieux dépôt fut ainsi exposé à la vénération des fidèles qui redoublèrent leurs sentiments de piété pour le saint martyr. A ce moment, le sanctuaire retentit de cantiques d'allégresse et d'actions de grâces, et la foule se renouvelant sans cesse versait des larmes de joie devant les restes précieux que l'on regardait comme le palladium de la cité. Hélas ! un demi-siècle après, les reliques de saint Baudile disparaissaient de nouveau ; devinrent-elles la proie des hérétiques ou bien, comme nous aimons à le croire, furent-elles enfouies dans quelque abri tutélaire ? Nous l'ignorons. Si la Valsainte les possède encore, espérons que l'heure de la Providence sonnera pour elles comme elle a sonné, il y a quelques années, pour le tombeau de saint Gilles, et que le martyr Nimois inspirera à quelqu'un de ses nombreux dévots en quel endroit les Bénédictins du XVIe siècle cachèrent ses reliques, avant de se disperser.

Après l'invention dont nous venons de parler, la ville n'oublia rien pour conserver les reliques de saint Baudile et pour entretenir la dévotion des habitants. Le 12 août suivant, on délibéra de faire bâtir deux chapelles à côté du tombeau, avec des degrés pour y descendre; de préposer une personne pour recevoir les offrandes des fidèles, la quatrième partie de ces offrandes devant revenir au sacristain du monastère; de placer des gardes aux portes des chapelles; et l'on convint que toute la dépense qui s'était faite jusqu'alors, tant pour les maçons que pour le treillis de fer et autres articles, serait supportée par la ville. De plus, le 10 octobre de la même année, il fut arrêté de faire aux dépens de la ville un buste ou chef d'argent représentant saint Baudile, et destiné à être porté aux processions solennelles (1).

CHAPITRE IV.

RUINE DÉFINITIVE DU MONASTÈRE. — RETOUR DES MOINES A NIMES.

François Ier DE Saint-Martin était prieur de Saint-Baudile, en 1539; il put être témoin des premiers mouvements du Calvinisme dans nos contrées; les nouvelles doctrines avaient, dès cette époque, trouvé quelques adeptes dans la ville de Nimes; son successeur, François II DE Senneterre, fut à la tête du prieuré, de 1539 à 1547 au moins; l'orage grossissait tous les jours; les assemblées des religionnaires n'étaient plus un secret, et ils osèrent même, un jour de fête de saint Baudile, se mêler à la foule accourue de tout le voisinage au tombeau du martyr, tenir une assemblée sous les murs du

(1) Ménard, *Hist. de la ville de Nimes*, t. 4, liv. 11 — *Archives de l'Hôtel-de-Ville*, registre des délibérations.

monastère et chercher à recruter des partisans dans les rangs des fidèles. Bientôt parut le fougueux prédicant Viret, l'homme à la parole ardente et passionnée, au cœur plein de hardiesse et de violence ; à sa prédication virulente, les novateurs s'ameutèrent contre notre vieille cathédrale, l'envahirent en tumulte, la profanèrent odieusement et y établirent leur prêche. Quelque temps après, les églises et les monastères de Nimes tombaient sous le marteau et la pioche des démolisseurs. Le prieuré de Saint-Baudile croula à son tour, en 1563 ; l'antique dévotion de nos pères, les grands souvenirs qui se rattachaient au monastère, tout le désignait à la rage des nouveaux iconoclastes ; il fut pillé, saccagé et détruit ; il n'en resta plus que quelques murailles de l'église et quelques ruines informes. Les religieux eurent à peine le temps d'échapper à la mort par la fuite ; ils se réfugièrent à la Chaise-Dieu et le service divin fut interrompu pendant plus d'un siècle, jusqu'en 1685, époque où les Bénédictins reparurent à Nimes. Les ruines du monastère, les champs, les prés et les olivettes qui en dépendaient furent adjugés à Pierre Baudan pour la somme de 800 livres (1).

Le titre du bénéfice ne fut cependant pas aboli au milieu de cette dévastation, et on parvint à sauver de la rapacité des religionnaires une partie des biens du prieuré. GUILLAUME BELLON en jouissait, à titre de commende, dès 1578, il résigna en Cour de Rome, le 16 mai 1586, en faveur de son parent ANTOINE BELLON, chanoine de Nimes ; celui-ci prit possession le 25 août suivant, en vertu de bulles datées du 10 juill.....   .enouvela cette cérémonie le 7 avril 1587. Du temps de ce p......   fit, en 1608, l'arpentage général du terroir de Nimes ;   .n .erie de Saint-Baudile fut reconnue être de 3431 salmées,   .mu.es (environ 1800 hectares), dont 1754 salmées, 4 émines et part en champs, prés, vignes et jardins, 25 salmées, 2 émines et demie en vignes complantées d'oliviers, 257 salmées et demie en olivettes et 1394 salmées, 4 émines en garigues et terres vacantes.

Bellon posséda le prieuré jusqu'en 1618, époque de sa mort. JULIEN DE LAMOTHE se fit alors pourvoir du bénéfice et eut bientôt à se soumettre à un arrêt du Parlement de Toulouse, en date du 10 juillet 1619, condamnant le prieur Antoine Bellon et ses successeurs à payer à dom Guillaume Boyer, moine-sacristain de Saint-Baudile, une pension de 300 livres et à remettre le monastère en état pour que les religieux pussent y faire le service divin, le tout sous peine de saisie des fruits.

Julien de Lamothe céda bientôt ses droits à Jacques de Teste de Lamothe, qui obtint de Rome des bulles de provision datées du 28 octobre 1619 et prit possession, le 14 janvier suivant. Ce nouveau titulaire résigna presque aussitôt en faveur de Claude Ier de Teste de Lamothe, chanoine de Nîmes, dont les bulles furent expédiées, le 26 juin 1620, et qui prit possession le 27 août suivant. En 1630, le prieuré de Saint-Baudile fut donné à Claude II de Saint-Bonnet-de Thoiras, alors évêque de Nîmes, qui le posséda jusqu'à sa mort, même lorsqu'il eut été obligé de se démettre de son évêché, par suite de sa rébellion contre le roi et de son adhésion au parti du duc d'Orléans; Claude de Thoiras mourut subitement à Montpellier, le 4 mai 1642. L'année précédente, il avait consenti au rétablissement du service religieux du prieuré et les catholiques de Nîmes s'étaient adressés à cet effet aux Bénédictins de Saint-André-de-Villeneuve. Cette demande ayant été communiquée aux divers supérieurs de la Congrégation des Bénédictins de Saint-Maur, le Père dom Germain Espiard, prieur de Saint-André, arriva à Nîmes porteur d'une commission du R. P. dom Victor Mareschal, grand-prieur de la Chaise-Dieu et d'un ordre du R. P. dom Jean-Grégoire Fanisse, général de Saint-Maur; il fit la visite canonique du prieuré de Saint-Baudile et ordonna le rétablissement de la conventualité ; mais cette affaire ne devait pas aboutir de sitôt.

Thomas de Chambres, écossais de nation, docteur en théologie, protonotaire apostolique et aumônier du cardinal de Richelieu, prit possession du prieuré, le 13 mai 1642. Il fut aussitôt sommé d'obéir à l'ordonnance portée par le P. Espiard. Les Bénédictins demandaient qu'il fût fait trois parts des revenus du bénéfice, l'une pour le prieur, l'autre pour la restauration des lieux réguliers, et la troisième pour l'entretien des Religieux qui viendraient rétablir la conventualité. Le prieur répondait qu'en vertu d'une ordonnance de Charles IX il était déchargé de toutes ces dépenses, sauf d'une pension de 150 livres pour le sacristain qui n'avait jamais cessé de résider à Nimes. Ce différend fut terminé, le 30 octobre 1645, par une transaction passée entre le prieur et l'assistant du père général; il fut convenu que jusqu'à ce que la piété de quelque nouveau fondateur eût réédifié le prieuré, le service en resterait transféré à la Chaise-Dieu, que la sacristie du prieuré serait unie à la mense conventuelle de cette abbaye, et que le prieur payerait à cette mense 300 livres de rente annuelle, moyennant quoi il serait déchargé des réparations du prieuré. Cette transaction fut ratifiée, le 12 mai 1646, par le Chapitre de l'abbaye de la Chaise-Dieu (1).

Deux ans avant sa mort, Thomas de Chambres eut un concurrent dans la personne de GEORGES LÉTUS, que le cardinal de Lyon, chargé de la feuille des bénéfices, venait de pourvoir du prieuré de Saint-Baudile ; afin de consolider ses droits, Thomas reprit possession, le 13 octobre 1648, et mourut en 1650, après avoir résigné en Cour de Rome en faveur d'*Alexandre Bruce*, prêtre du diocèse d'Evreux. Celui-ci prit possession, le 25 septembre 1651, mais afin d'éviter un procès imminent avec Georges Létus, il lui céda ses droits.

Létus ne fut pas cependant paisible possesseur du bénéfice ; deux concurrents le lui disputaient, en vertu de bulles obtenues en Cour de Rome ; le premier, noble *Etienne d'Arnaud de La Cassagne*, chanoine-trésorier de Nimes, s'était fait installer prieur, le 25 novembre 1651 ; l'autre, *Louis de Simiane de Lacoste*, docteur en droit, avait pris possession, le 2 décembre suivant ; ce dernier avait ensuite cédé ses droits, en Cour de Rome, à son parent, *Alphonse de Simiane*, clerc tonsuré, qui s'installa le 1ᵉʳ juillet 1652. Deux arrêts du Conseil d'Etat, en date du 8 juillet et du 13 décembre 1652, évincèrent Simiane et La Cassagne, et assurèrent la possession du bénéfice à Létus, qui le garda jusqu'en 1670.

Il y avait déjà quelque temps que Létus possédait paisiblement, lorsque, sur les instances de quelques catholiques restés fidèles au culte de saint Baudile, il consentit à faire construire un petit oratoire dans l'enceinte de l'ancienne église du monastère, et, le 12 mai 1656, il donna à prix fait la construction d'une chapelle de cinq cannes et demie de largeur dans œuvre, et de quatre cannes de longueur, les murs devant avoir deux pans et demi d'épaisseur, le tout

(1) *Archives du Gard*, II. 190, 196.

maçonné à chaux et à sable, et couvert en tuiles mouillées. Deux vieilles murailles de l'ancienne église devaient être utilisées, et le maçon Jean Cubissol devait percer dans le bâtiment, du côté du levant, deux fenêtres gothiques de quatre pans et demi de hauteur et construire un petit clocher, ainsi qu'un autel à deux marches. Georges Létus s'engagea à payer les travaux 760 livres; le maçon et le charpentier, Louis Malafosse, promirent de livrer l'édifice dans six mois.

C'était quelque chose, et les chanoines de la cathédrale purent dès ce moment venir une fois par an célébrer la messe à Saint-Baudile, lors de la procession générale des Rogations; mais ce n'était pas assez pour le cœur des fidèles nimois, ni surtout pour le zèle de Denis Cohon, le grand évêque qui gouvernait alors l'Eglise de Nîmes. Cet infatigable restaurateur des ruines entassées par le protestantisme dans son diocèse, essaya de relever le monastère et d'y rétablir le service divin. Afin de se rendre un compte exact de l'état des lieux, il voulut visiter les ruines du prieuré et rendit ensuite l'ordonnance suivante :

« Anthime-Denis Cohon, par la grâce de Dieu et du Saint-Siége apostolique, évesque de Nismes, conseiller du Roi en ses conseils et son prédicateur ordinaire; comme nous désirons que toutes les esglizes de nostre diocése, dont la pluspart ont été desmolies par les hérétiques, soient rebasties, et que le service divin s'y fasse avec l'honneur et décence requise; ayant été advertis que l'esglize de Saint-Baudille, scittuée hors de cette ville, auroit esté ruynée despuis longtemps par ceux de la religion préthendue réformée, et que despuis peu on y a basty une petitte chappelle quy est sans ornemens et sans service, quoique les revenus du prioré soient considérables, nous aurions deslibéré d'y faire nostre visite pour y pourvoir. A ces fins :

» Du vingttroisièsme mars mil six cens cinquante-neuf, nous nous serions transportez sur le lieu et aurions treuvé touttes choses en un estat déplorable, c.-à-d. l'esglize desmolie et proffanée, sans qu'il y reste que quelques pierres des murailles maistresses, et une petitte chappelle qu'on y a bastie au-dedans, laquelle nous aurions treuvée sans ornemens et sans aucun prestre pour la servir; de plus, nous aurions considéré que la chappelle est scittuée en lieu désert et fort esloigné de la ville et des faubourgs, sans aucune maison, ni méthérie aux environs, et ainsi hors de tout commerce ; et nous ayant esté représenté par les catholiques de considération qui estoient à notre suitte, qu'il seroit beaucoup plus utille à la gloire de Dieu et au bien public de transférer le service divin aux fauxbourgs nommés des Prescheurs, de ceste ville, quy est remply de catholiques quy se treuvent sans esglize et sans aucune consollation spirituelle,

« Nous estans revenus dans nostre palais épiscopal, ayant mûrement examiné touttes choses, ouy les plaintes des principaux catholiques de ceste ville et principallement des habitans dudit fauxbourg et voulant avoir esgard à la nécessité d'un peuple dont le salut nous a esté commis, avons ordonné et ordonnons que le prieur de Saint-Baudille sera teneu de faire bastir une chappelle aux fauxbourgs dicts des Prescheurs, et d'y entretenir un prestre pour y faire le service et administrer les sacremens aux gaiges annuels de deux cens livres, moyennant quoy il sera valablement deschargé du service deub à son esglize, quy, pour se treuver trop escartée, est de nul uzage au public (1). »

A ce moment, les Religieux Augustins, renonçant à s'établir dans leur ancien couvent ruiné, cherchaient à se loger dans le faubourg des Prêcheurs ; ils offrirent donc au prieur Létus de se charger de l'exécution de l'ordonnance épiscopale, et tous ensemble se présentèrent devant Mgr Cohon pour terminer l'affaire. Le procès-verbal de visite cité plus haut continue en ces termes :

« Du quinziesme août mil six cens soixante, dans nostre palais épiscopal. Auroiet comparu devant nous le sieur abbé Georges Létus, prieur de Saint-Baudille, quy nous auroit représenté qu'il a esté adverty de l'ordonnance par nous donnée, l'année dernière, à laquelle il offre d'obéir et de satisfaire touchant le transport du service divin aux fauxbourgs des Prescheurs, attendu la nécessité publique et d'autant qu'il auroit heu advis que les RR. PP. Augustins de ceste ville auroient résolu de s'establir dans led. fauxbourg, ils nous auroient humblement requis et prié d'agréer l'offre qu'il

<hr>

(1) *Archives de l'Evêché,* n° 21. — *Archives de la Mairie de Nîmes,* série 1, n° 3. — *Archives du Gard,* H. 119.

leur auroit desjà faitte et qu'il leur confirme de nouveau, en la personne de leur R. P. prieur, ici présent, de leur bailler annuellement la somme de deux cens livres pour faire à sa descharge le service porté par lad. ordonnance et autres fonctions curiales dans toutte l'estandue de son prioré, à la charge aussy qu'ils diront une messe haulte en la chappelle de Saint-Baudille, le jour du patron, et qu'ils tiendront lad. chapelle en estat pour y recevoir, chasque année, le troisiesme jour des Rogations, la procession générale et annuelle, et parceque lesd. pères pourroient avoir besoing d'ornemens pour meubler la nouvelle esglize...., le sieur prieur lui auroit aussy gratuitement offert de consentir qu'ils retirassent des mains du sieur Pizon tout l'argent qu'il a reçu et qu'il reste encore deub des inféaudations de la montaigne de Saint-Baudille, dicte du Betton ; lesquelles sommes, sçavoir la pantion annuelle de deux cens livres, sera payable par les fermiers du prioré en deux termes, à la fin de chasque, de six en six mois, à compter du jour que lesdicts pères fairont le service divin dans leur esglize audict fauxbourg, lequel jour ils pourront retirer dudict sieur Pizon l'argent provenu des inféaudations pour l'appliquer en ornemens d'esglize.....» (1).

Le 15 novembre suivant, le père La Pauze, prieur des Augustins, muni de pouvoirs suffisants de son Chapitre et de son Provincial, signa avec le prieur Létus un traité par lequel il se chargeait du service du faubourg aux conditions convenues le 15 août. En conséquence, Mgr Cohon rendit une nouvelle ordonnance confirmative du traité. Nous avons raconté ailleurs (2) comment les fonctions curiales du faubourg furent confiées, en 1666, aux Doctrinaires.

Vers ce même temps, le prieur Létus intenta un procès aux Consuls de la ville, au sujet de la dîme des olives recueillies dans la partie du territoire qui dépendait de l'ancien monastère. Ce procès porté de 1666 à 1687 devant diverses juridictions fut jugé, le 22 février 1679, en faveur du prieur, par arrêt du Grand-Conseil; un autre arrêt du même tribunal, du 16 mars 1683, déclara cette dîme quérable et fixée au douzième ; pour le passé, la dette de la ville fut liquidée à 4000 livres, et 1000 livres de frais (3).

(1) Ibid.
(2) *Notice sur la paroisse Saint-Charles.*
(3) *Archives de la Mairie*, série I, n° 3. *Archives du Gard*, série H.

A la mort de Létus, le cardinal Mancini, abbé de la Chaise-Dieu, pourvut du prieuré de Saint-Baudile, ARTHUS DE LYONNE, prêtre du diocèse de Paris et fils du ministre secrétaire d'Etat ; celui-ci prit possesion le 22 mars 1670, par procureur ; mais le lendemain, se présenta pour se faire installer, *Galtier Létus*, frère du précédent prieur et son résignataire ; les bulles que ce dernier avait reçues du Conclave ne purent pas lui assurer le bénéfice qui resta à Lyonne.

Le nouveau prieur, poussé par un goût particulier pour les missions étrangères, oublia les obligations que lui imposait son nouveau titre, et négligea, non seulement d'entretenir la chapelle du prieuré, mais même de payer les 200 livres qu'il devait pour le service paroissial du faubourg des Prêcheurs ; ce qui fut cause que les Doctrinaires abandonnèrent ce service, au mois de décembre 1671, et ne consentirent à le reprendre provisoirement que par égard pour le Chapitre cathédral et la population. Les catholiques du quartier des Prêcheurs, menacés de la privation du service divin et voyant avec peine que le prieur consacrait à d'autres usages les revenus de son important bénéfice, adressèrent de vives plaintes à l'abbé de la Chaise-Dieu ; un religieux de ce monastère fut aussitôt envoyé à Nimes pour faire valoir les droits de l'abbaye contre le prieur de Saint-Baudile, et les tribunaux condamnèrent celui-ci à l'exécution du traité signé par son prédécesseur. Cette sentence fut rendue après une expertise exacte de l'église et du monastère.

Lyonne voulant éluder ses obligations fit appel de la sentence au Grand-Conseil du roi. Les habitants se joignirent alors pour réclamer en cette occasion le secours et l'appui des Consuls catholiques et leur adressèrent, le 17 novembre 1672, une requête que Ménard nous a conservée (1) Ils exposaient : « tant en leur nom qu'au nom des autres habitans catholiques dudict fauxbourg qui sont au nombre de plus de huit cens communians, que le bienheureux saint Baudile, dans sa mission en la présente ville de Nismes, pour lors la capitale de ce pays, où il vint annoncer le mystère de notre rédemption et montra la voie du salut éternel, y souffrit le martyre et versa son sang pour la querelle de Dieu, hors des murs

(1) *Hist. de la ville de Nimes*, t. VI, pr. tit. 55.
373

de cette ville, du costé où les exposans sont domiciliés, appelé quant à présent le fauxbourg de la Porte des Frères-Prêcheurs.

« Après quoi la plus grande partie du peuple, par les miracles qui se faisoient ordinairement au sépulcre de ce Saint, ayant embrassé la religion Chrestienne et rejeté le culte abominable des faux dieux, on auroit basti et consacré à Dieu une esglize et un monastère soubs le titre de Saint-Baudile, au mesme endroit où il avoit souffert le martyre ; laquelle esglize et monastère furent dotés de bons revenus, mesme d'une partie des dimes de ceste ville de Nismes ; et estoit ledict couvent habité par le prieur dudict Saint-Baudille, assisté de nombre de religieux qui faisoient le service en la dicte esglize ; et les habitans dudict fauxbourg, comme plus proches, et plusieurs autres de la ville, suivant leur dévotion, alloient assister et faire leurs prières, ce qui a duré jusques en l'année 1563, que ladicte esglize et couvent furent desmolis et abattus par ceux de la religion préthendue réformée, et lesdicts religieux chassés, n'y restant que quelques murailles de ladicte esglize et les marques dudict couvent. Depuis lequel temps ledict prieuré est tenu en commende par des séculiers qui n'y ont faict et n'y font aucun service, au grand regret des exposans et autres catholiques de la ville, qui souhaitent depuis longtems de voir restablir le culte divin en ce lieu consacré si autentiquement à Jésus-Christ par le sang que le martyr saint Baudille, le véritable apostre de Nimes y versa ; et ledict prieur de Saint-Baudille depuis longtems, ne réside pas en ceste ville, ayant seulement, depuis quelques années, faict couvrir une partie de ladicte esglize et faict dresser un autel, auquel on dict, une fois l'année tant seulement, la Sainte-Messe, que MM. du Chapitre de la Cathédrale font dire lors de la procession des Rogations. »

Continuant ensuite leurs doléances, les habitants se plaignaient d'être privés des consolations religieuses que leurs pères allaient puiser à l'ancien monastère ; ils rappelaient que l'abbé de la Chaise-Dieu avait dernièrement envoyé un de ses religieux pour y rétablir le service divin, mais que le prieur l'en avait empêché, et ils requéraient les Consuls de convoquer les Conseillers de ville catholiques, pour que de concert, ils suppliassent le roi et son Conseil d'ordonner que le service divin fut rétabli dans l'église de

Saint-Baudile suivant son ancienne institution, que l'église et la maison claustrale fussent réparées et qu'il y fut établi six religieux de l'ordre de Saint-Benoît, pour y faire le service.

Cette requête n'ayant pas eu de résultat immédiat, de nombreux catholiques se présentèrent, le 13 juin 1673, devant les consuls et demandèrent que, puisque les supérieurs de la Chaise-Dieu avaient envoyé un de leurs religieux avec des provisions en forme pour rétablir le service divin dans le monastère de Saint-Baudile, les consuls provocassent une délibération qui permît de poursuivre au Grand-Conseil, la réparation de l'église et du cloître, ainsi que le rétablissement du service. Cette délibération eut lieu le jour même, et il fut décidé que d'humbles remontrances à ce sujet seraient faites au Roi et au Conseil d'État (1).

L'affaire sembla réussir enfin au gré des pieux habitants de la ville ; un premier arrêt du Grand-Conseil, rendu le 28 septembre 1674, sur la requête de dom Laudemare, ordonna l'envoi à Nimes de trois religieux de la Chaise-Dieu, dont l'un avec le titre de sacristain, et dispensa le prieur de rétablir l'église et les lieux réguliers, à condition qu'il fournirait une chapelle et un logement pour les moines (2). Cet arrêt fut exécuté par l'abbé de la Chaise-Dieu, qui envoya à Nimes, le 20 décembre 1675, les moines Jean Lieutaud et Antoine Dexere ; mais le prieur souleva de nouvelles difficultés, au sujet du paiement de la pension de 200 livres qu'il devait à chacun des religieux, et chercha encore à gagner du temps en éternisant le procès. Cependant, pour que les habitants de la dimerie de Saint-Baudile ne fussent pas privés des secours spirituels, un prêtre de la ville, nommé *Antoine Dupuy*, originaire du diocèse d'Uzès, fut provisoirement chargé, par ordonnance épiscopale du 12 septembre 1678, de desservir la chapelle bâtie dans l'enceinte de l'ancienne église du prieuré. Cette chapelle était alors tellement dénuée du nécessaire, que Dupuy dut emprunter aux églises voisines ce dont il avait besoin pour l'administration des malades.

Peu de temps après, M⁰ Séguier, évêque de Nimes, voulant se rendre compte de la situation, vint faire, le 3 novembre, sa visite

(1) *Archives du Gard*, II. 196. — *Archives de la mairie de Nimes*, série 1, n° 3.
(2) *Archives du Gard*, II. 190.

pastorale au prieuré, accompagné de ses vicaires généraux, du promoteur diocésain et de l'official; il trouva la chapelle fermée, et l'agent du prieur en refusa la clef; l'évêque dut attendre l'arrivée d'un serrurier que l'on manda pour ouvrir. La chapelle n'avait que les quatre murailles; ses quatre ouvertures étaient dépourvues de vitres et de châssis; le couvert était fort bas et en mauvais état, de sorte que la pluie en pourrissait les bois; le pavé manquait absolument. Au fond se trouvait un autel de pierre tout nu, à l'exception d'un petit crucifix et de deux chandeliers de bois; à côté, dans un trou de la muraille, étaient deux burettes de verre dans un bassin de faïence, une clochette et quelques bouts de cierges. Les ornements de la chapelle avaient été distribués aux paroisses dépendantes du prieuré. A cinquante pas de là, l'évêque vit les ruines de la chapelle de Saint-Antonin (*sic*), (probablement Saint Julien).

Les habitants de la dîmerie qui s'étaient rassemblés pour recevoir l'évêque lui firent alors entendre leurs doléances au sujet de l'abandon dans lequel ils étaient au point de vue du service religieux, quoique les revenus du bénéfice fussent considérables; aucune aumône, dirent-ils, n'était distribuée aux pauvres. Le prieuré avait une fort grande étendue et ne comptait pas moins de vingt-et-une métairies dans son territoire.

Sur la requête du promoteur diocésain, M⁊ Séguier ordonna qu'en attendant qu'on pût rebâtir l'église, la petite chapelle serait restaurée à neuf, surmontée d'un clocher et fournie des vases sacrés et des ornements nécessaires au service divin; qu'il serait fourni une maison commode pour le prêtre desservant; que le prieur donnerait à ce prêtre une congrue de 200 livres, plus 50 livres de gages au clerc, et une aumône annuelle de quatre salmées de blé aux pauvres; le tout à la diligence des fermiers du bénéfice, et conformément à la déclaration royale du 18 février 1661, relative aux réparations des églises et presbytères (1).

Presque en même temps, le 5 novembre, sur la requête des religieux, le Grand-Conseil condamnait le commendataire à rétablir la chapelle du prieuré, le logement et les lieux réguliers pour trois religieux, savoir un sacristain et deux obédienciers ; à mettre, dans trois ans au plus tard, les édifices en état suffisant pour la célébration de l'office divin et l'habitation des trois religieux; à leur payer les arrérages de leur pension et à leur fournir les ornements, linges, livres et cierges nécessaires (1).

Lyonne ne s'était pas encore exécuté, lorsqu'il résigna son prieuré en faveur de JEAN PIN, prêtre du diocèse de Nevers, et docteur de Sorbonne, qui prit possession le 17 février 1682.

Huit jours après cette installation, le 25 février, les consuls de la ville présentèrent au Grand Conseil une requête incidente, afin que le prieur de Saint-Baudile fut tenu de faire le service divin, tant conventuel que curial, dans l'église de Saint-Baudile, et de payer annuellement l'aumône due aux pauvres sur les revenus du prieuré; le 4 mars suivant, les habitants du faubourg des Prêcheurs demandèrent à intervenir dans cette nouvelle instance (2). Nous ignorons ce que ces requêtes produisirent, mais nous savons que le prieur commença bientôt des démarches pour exécuter les anciens arrêts; il envoya sur les lieux des experts chargés d'en constater l'état et de dresser un plan de reconstruction; ces experts étaient deux architectes nommés Jacques Cubizol et Antoine Projet; ils présentèrent leur rapport le 27 avril 1684. Ils avaient trouvé dans la vieille église une chapelle toute délabrée, tombant dans une totale ruine; les murs de l'église ancienne au midi, au couchant et au nord n'avaient que neuf ou dix pieds de hauteur; du levant où était le sanctuaire, la muraille était entièrement démolie et les matériaux disparus; d'après le plan qui fut alors dressé, la nouvelle église devait avoir douze toises et trois pieds de long, l'ancienne était plus longue; la largeur était la même pour les deux, cinq toises et deux pieds; du pavé aux clefs de voûte l'édifice projeté devait avoir six toises de hauteur; les murailles devaient être en moellons, les portes et les fenêtres en pierres de taille, ainsi que le pavé, les degrés de l'autel et le clocher à la capucine. Le devis total pour la reconstruction de l'église et de la maison d'habitation pour les Religieux se montait à la somme de 14,000 livres.

(1) *Archives du Gard*, II. 190.
(2) *Archives de la Mairie de Nîmes*, I. 3.
377

CHAPITRE V.

LE NOUVEAU MONASTÈRE.

Ce projet parut trop onéreux au prieur de Saint-Baudile qui mourut d'ailleurs sur ces entrefaites, et fut remplacé, vers la fin de l'année 1684, par Louis Iᵉʳ Tiburge, prêtre du diocèse de Rouen. Dès son installation, le nouveau titulaire s'occupa d'une transaction qui pût diminuer ses dépenses tout en procurant plus de commodité aux habitants de la ville et plus de sécurité aux moines du prieuré; il s'agissait d'établir le monastère et le service dans l'intérieur de la ville, et on avait jeté les yeux, à cet effet, sur une maison située à la place de la Belle-Croix et qui avait longtemps servi de résidence épiscopale. L'évêque Séguier se voyant sur le point d'entrer en possession du nouveau palais qu'il avait fait construire auprès de la cathédrale, était disposé à céder cette maison aux Religieux. Le Conseil de ville qui avait d'abord pensé à faire de cette maison l'Hôtel-de-Ville, donna son consentement à l'affaire, le 5 mars 1685, et, le lendemain, fut signée, entre le prieur et les Religieux de la Chaise-Dieu, une convention en vertu de laquelle le service du prieuré était transféré dans la ville; cet acte obligeait le prieur d'acheter au prix de 11,000 livres la maison de l'évêque pour l'usage exclusif des Religieux, sans qu'il pût y prétendre un logement, et le déchargeait des arrêts de 1674 et 1678. De plus, pour aider le commendataire dans cette acquisition, les Religieux renonçaient à tous les arrérages de pension qui leur étaient dûs, le prieur restant chargé de fournir les ornements et les objets nécessaires pour l'usage de la sacristie et la célébration du service divin. L'acte d'acquisition fut passé le 7 du même mois, et dès que Mᵍʳ Séguier eût pris possession du nouveau palais, le 29 septembre suivant, deux religieux, dom Laudemarc et dom Laurent Pinot, commencèrent le service conventuel dans le local acheté. Cette maison fut en partie payée à l'évêque, le 6 juin 1685, au moyen des 5,000 livres que la ville devait au prieur pour la dime des olives, et qu'elle emprunta de Marguerite de Vignoles, veuve du sieur de Vendargues (1).

Le service religieux fut bientôt désorganisé dans le nouveau couvent par le départ de dom Laudemare, suivi du décès de dom Laurent Pinot, qui mourut le 4 août 1688; il ne resta plus dans la maison de la place de la Belle-Croix qu'un frère nommé Antoine Lacam qui, de concert avec les fidèles Nimois, représenta que le service divin avait dû cesser, attendu qu'il n'était pas dans les ordres, et que cependant le prieur payait exactement 600 livres de pension annuelle à la Chaise-Dieu pour trois religieux qu'on demandait en vain. Une requête en ce sens fut présentée au duc de Noailles, gouverneur de la contrée, qui lança, le 7 décembre 1688, une ordonnance ainsi conçue :

« Anne-Jules, duc de Noailles, pair de France, premier capitaine des gardes du corps, commandant en chef pour Sa Majesté en la province du Languedoc, gouverneur et lieutenant des comtés et vigueries du Roussillon, gouverneur particulier des ville, château et citadelle de Perpignan, et lieutenant-général des armées du Roy nous ordonnons que dans huict jours après la signification de la présente ordonnance, le prieur de la Chaise-Dieu envoyera trois religieux de son monastère pour se rendre dans cette ville et y faire le service divin journellement, suivant les arrêts du Conseil, et, faute de ce faire, ledit délay passé, nous enjoignons au Visiteur de cette province d'en envoyer incessamment trois....

» Fait à Nismes... »

Cette ordonnance ne fut pas exécutée tout de suite ; aussi Mgr Fléchier, évêque nommé de Nimes, par une lettre du 9 avril 1689, appuya-t-il les plaintes déjà formulées ; l'abbé de la Chaise-Dieu consentit enfin à faire droit aux demandes des Nimois, et, le 23 septembre suivant, arrivèrent trois religieux, dom *Jean-Paul Dussault*, comme prieur claustral, dom Laurent Fœdi et dom Joseph Guiraud, comme obédienciers. Le duc de Noailles s'empressa de le^s mettre sous la protection du roi.

Dussault resta peu à la tête des Religieux Nimois ; le Chapitre

(1) *Archives du Gard*, H. 190. — *Archives de la Mairie de Nimes*, 1, 3— Manusc. de Ménard à la Biblioth. de la ville de Nimes.

général du 3 juillet 1690 le nomma prieur claustral d'Aniane, et le remplaça par dom *Louis Tardi* qui dirigeait auparavant le même monastère.

Dom Tardi se préoccupa, dès son arrivée à Nimes, d'enrichir son monastère de quelque portion des reliques de saint Baudile, et s'adressa au R. P. dom Michel Valliex, prieur de Notre-Dame-des-Bonnes-Nouvelles d'Orléans, le priant d'obtenir des chanoines de cette ville quelques parcelles du saint corps; mais ceux-ci ne voulurent point partager le trésor que Nimes leur avait si généreusement cédé. Le prieur se rappela alors que du temps qu'il était supérieur d'Aniane, les habitants de la paroisse de Puéchabon, village voisin et dépendant du monastère, ayant voulu, en 1682, réparer une ancienne église rurale du titre de saint Sylvestre, avaient trouvé sous la table du maitre-autel une urne de pierre renfermant deux boîtes en bois de cyprès, couvertes chacune d'une plaque de plomb. Sur l'une de ces plaques on lisait ces paroles : *Linteamen istud est intinctum sanguine sancti Baudilii, martyris Nemausensis,* « ce linge est teint du sang de saint Baudile, martyr de Nimes. » L'autre plaque portait cette inscription : *Et illa fragmenta sunt de cranio ejusdem martyris,* « et ces fragments sont du crâne du même martyr. » Ces boîtes, qui portaient le millésime MCCCCXIIII; renfermaient en effet les précieuses reliques indiquées par leur inscription respective. Ces reliques avaient été renfermées dans une châsse en bois doré et transportées dans l'église paroissiale de Puéchabon.

Dom Tardi, ne pouvant rien obtenir d'Orléans, supplia Étienne Richôme, archiprêtre et vicaire-perpétuel de Saint-Pierre-de-Puéchabon de lui faire part des reliques qu'il possédait. La réponse de celui-ci ne se fit pas attendre ; elle est conçue en ces termes : « La demande que vous nous avez faite pour obtenir quelque petite parcelle du linge teint du sang du saint martyr déclare assez que vous estes animé pour saint Baudile, martyr et patron titulaire de vostre maison, de ce zèle de piété qui convient à de saints moynes. Nous avons fait nos diligences à louer ce zèle, et avons cru devoir admettre ceste demande comme estant fort juste. C'est pourquoi, ayant tiré et coupé, avec la vénération qu'il faut, ce linge teint du sang de saint Baudile, nous vous l'envoyons avec quelques particules du crasne du mesme martyr. Ce sera une chose à la vérité au-dessous de vos mérites, si vous regardez la matière ; mais elle égalera vos désirs, si vous considérez la vertu de la sainteté ; car, comme dit saint Grégoire de Nazianze, les corps des saints ont le mesme pouvoir que leurs âmes, et les gouttes de leur sang, comme aussi les moindres vestiges de leur passion, ont autant de vertu que leurs corps ; ce que nous souhaitons fort de pouvoir expérimenter par l'intercession de saint Baudile et par le secours et charité de vostre sainte communauté. Le linge fut trouvé, avec plusieurs autres reliques de saints et avec leur nom gravé sur le plomb, dans le grand-autel de notre ancienne paroisse, dédiée à saint Sylvestre, pape (1). »

Avec cette lettre, le curé Richôme envoya, le 18 octobre 1691, les reliques qu'il annonçait renfermées dans une ampoule de verre, la même qui les contient encore, scellée d'un cachet en cire rouge, et accompagnées d'une attestation authentique sur parchemin également scellée, et portant avec la signature du curé, celle de Guillaume Fabrègue, secrétaire de l'archiprêtre (2). A l'intérieur de l'ampoule est l'inscription *Sanctus Baudilius, martyr.* Les précieuses reliques arrivèrent à Nimes dans un sac de satin vert cacheté de cire rouge. Elles furent aussitôt soumises à la vérification de Mgr Fléchier, qui signa de sa main la permission de les exposer à la vénération des fidèles, le 11 janvier 1692 ; cette permission fut scellée du sceau épiscopal et contresignée par Gilles Bégault, secrétaire de l'évêché, prêtre et chanoine de l'église cathédrale de Nimes.

Dom Tardi fit alors confectionner un riche reliquaire en argent, d'un poids considérable et d'un beau travail, portant sur le pied les armes de l'Ordre de saint Benoît : d'azur, à une fleur de lys d'or posée en chef, à trois lettres, P A X, posées en face de même, à trois clous de la Passion, d'argent, posés en pointe ; entourés d'une couronne d'épines de sinople, aux épines d'argent. L'urne de verre fut renfermée dans ce reliquaire en présence de plusieurs personnes de distinction. A côté de l'ouverture par où paraissaient les reliques, on avait gravé ces mots : *particulæ cranii sancti Baudilii, martyris Nemausensis, cum linteo intincto sanguine ejusdem.* « particules du

(1) Archives du Gard, série H.
(2) *Archives de l'Evêché,* n° 260.

crâne de saint Baudile, martyr de Nimes, avec linge teint du sang du même martyr. »

Les reliques furent publiquement exposées, le 20 mai suivant, jour de la fête de saint Baudile, avec une grande solennité et au milieu d'un grand concours de fidèles, sur le maître-autel de la chapelle du couvent où le Saint-Sacrement était aussi exposé. Dom Tardi avait obtenu du pape Innocent XII un bref d'indulgence plénière daté du 30 juillet 1691. Cette indulgence fut publiée, dès le matin, par permission de l'évêque de Nimes.

Nous avons encore (1) le procès-verbal historique relatif à la cérémonie de la première exposition des reliques. La messe fut solennellement chantée, et il y eut, à l'issue des Vêpres, une prédication éloquente prononcée par l'abbé d'Aiglun, l'un des vicaires généraux de l'évêque, docteur de Sorbonne et chanoine de l'église cathédrale de Nimes. La bénédiction du Saint-Sacrement fut suivie du baisement des reliques. L'affluence des fidèles fut énorme et rappelait ces flots des pèlerins qui venaient se grouper autrefois autour du tombeau du martyr nimois.

L'année d'après, certaines difficultés s'étant élevées sur l'existence du monastère, les Religieux se procurèrent divers certificats constatant leur présence à Nimes au nombre de quatre; ces certificats furent signés, l'un par Etienne Mathieu, lieutenant particulier en la Sénéchaussée et siége présidial de Nimes, et Pierre de Chazel, procureur du roi au même siége, un autre par les consuls de la ville et un troisième par l'évêque; tous ces certificats sont du mois de février 1693.

Le prieur commendataire, Louis Tiburge, fut troublé dans sa possession, en 1694, par *Charles Sevin*, qui, sous de fausses allégations, se fit trois fois pourvoir du prieuré en Cour de Rome, mais qui en fut évincé par arrêt. Tiburge passa avec les moines Bénédictins de Nimes une transaction, en date du 6 décembre 1696, au sujet des dépenses de sacristie et des réparations de la maison; il fut convenu que le prieur, outre les 600 livres de pension, payerait une somme annuelle de 250 livres, et qu'il serait déchargé de toute obligation pour ces deux objets (2).

(1) *Archives du Gard*, série H, n° 197.

(2) *Archives du Gard*, H 190.—Manusc. de Ménard, à la Bibliothèque de Nimes· 282

A la mort de Tiburge, en 1698, la commende de Saint-Baudile fut donnée à Louis II Qurménar, évêque de Sura et vicaire apostolique aux Indes Orientales, qui la garda jusqu'à son décès, en 1708. Louis II passa, le 13 décembre 1700, une transaction confirmative de celle de 1696. Cet acte fut ratifié par les Religieux de la Chaise-Dieu, le 23 avril 1701, et par les Religieux obédienciers du prieuré, le 10 mai suivant.

Le 6 avril 1709, le prieuré de Saint-Baudile passa, sur provisions obtenues en Cour de Rome, à François-Gabriel Guizaix, évêque et vicaire apostolique au Tonquin. Après lui, François de Montigni, prêtre du diocèse de Paris, bachelier en théologie, protonotaire apostolique et directeur du séminaire des Missions étrangères, fut pourvu du bénéfice, par bulles du 1er février 1725, et prit possession par procureur, le 13 avril suivant. Il eut aussitôt pour compétiteur Jean Vivant, doyen de la Collégiale de Saint-Germain-l'Auxerrois, à Paris, nommé par le cardinal de Rohan, abbé de la Chaise-Dieu, et qui avait en outre obtenu des bulles de Rome, en date du 20 novembre 1725, lesquelles avaient été visées, le 6 juillet 1726, par Msr de la Parisière, évêque de Nimes. Le litige était déjà terminé par un accord entre les deux compétiteurs, conclu le 19 juin 1726, par lequel Montigni cédait ses droits à Vivant, moyennant une pension annuelle et viagère de 1600 livres.

Quelques mois après, Vivant permuta le prieuré de Saint-Baudile contre un canonicat de l'église royale de Saint-Germain, avec Claude III Pinguet de Belingan, alors sous-diacre du diocèse d'Amiens et abbé de Saint-Crépin-le-Grand-lez-Soissons. Cette permutation fut admise par le cardinal de Rohan, le 28 décembre 1726, et Claude III prit possession, le 6 janvier 1727; il résigna en Cour de Rome, le 6 décembre 1750, sous réserve de 2,500 livres de pension annuelle et viagère. Le résignataire, Louis-François de Cohorn de la Palisse de Limone, clerc tonsuré du diocèse de Carpentras, obtint ses provisions de Rome, le 23 du même mois, sous l'obligation de rétablir les lieux réguliers et de déposer chaque année une somme à cet effet. Limone eut le visa de l'évêché, le 24 avril 1751; il se procura, le 26 juillet 1758, de nouvelles provisions qui furent visées par l'évêque de Nimes, le 16 décembre suivant; il était en ce moment en procès avec les Religieux qui lui demandaient le partage des fruits du bénéfice.

Pour mettre fin à ce litige, Limone fit, le 11 décembre 1759, une résignation en Cour de Rome en faveur d'un membre de la congrégation Bénédictine, sous réserve d'une pension annuelle de 4,500 livres pendant quatre ans, et de 4,000 livres les années suivantes. Cette pension fut même modérée, le 20 novembre 1761, à 3,000 livres, le monastère ayant racheté 1,000 livres de rente moyennant la somme de 6,000 livres une fois payée.

Le prieuré de Saint-Baudile qui était en commende depuis près de quatre siècles, revint en règle par cette résignation, et eut pour titulaire dom Jean-François de Lobel, religieux Bénédictin de Saint-Maur, né à Flers, au diocèse de Tournai; ses bulles furent expédiées le 14 avril 1760, et il prit possession le 11 octobre suivant.

Quelques années après, l'antique monastère de Saint-Baudile fut menacé dans son existence; un édit de 1767 avait ordonné la suppression de la plupart des couvents qui n'avaient pas quinze Religieux; les Bénédictins de Nimes se trouvèrent sous le coup d'une menace qu'ils essayèrent de conjurer par la protection de M\gr de Becdelièvre, évêque de Nimes; celui-ci les assura de ses bons offices, et leur conseilla de se procurer aussi dans leurs démarches la bienveillance de la ville.

Sur la demande du prieur, le Conseil de ville, se souvenant de l'affection que les anciennes générations portaient au prieuré, délibéra, le 20 août 1767, que les Consuls seraient chargés d'écrire aux diverses autorités qui devaient intervenir dans la décision, afin de demander la conservation du monastère nimois. Cette démarche et celles de l'évêque obtinrent un plein succès, et les Bénédictins rassurés sur leur existence purent s'occuper de la translation de leur maison dans un quartier plus commode et plus silencieux. Ce fut en effet, deux ans après, qu'ils résolurent de quitter l'ancienne maison épiscopale de la place de la Belle-Croix, où ils étaient depuis 1685. Cette position, au centre de la ville et au milieu du bruit, ne convenait guère à des moines voués surtout au silence et à l'étude.

Le 18 mai 1769, les Bénédictins conclurent une convention privée qui fut convertie en acte public, le 1er septembre 1771. Cette convent

tion portait échange de la maison de la Belle-Croix contre celle dont M. Teissier de Marguerittes venait d'hériter de Mlle Elisabeth Teissier, et qui était située « hors et proche de la porte de la Boucairie. » Cet échange fut approuvé par lettres-patentes du roi, en date du mois de juillet 1770, enregistrées au Parlement de Toulouse, le 10 septembre suivant, après enquête *de commodo et incommodo*. Avec la maison, les religieux reçurent un enclos attenant de cinq émines et demie de contenance (une trentaine d'ares). Ils dépensèrent à cette maison, pour frais de réparations, de clôture, de lettres-patentes, d'enregistrement et autres loyaux coûts, une somme de 20,000 livres qui furent payées avec l'assistance des autres maisons de la province (1). C'est là que les Bénédictins vécurent jusqu'à la Révolution.

Dom Lobel intervint, en 1771, dans la procédure d'érection des nouvelles paroisses de Nîmes, en qualité de décimateur d'une partie du territoire ; il essaya d'abord de gagner du temps pour se procurer les moyens d'échapper aux obligations que lui imposerait la création d'une paroisse dans l'étendue de sa dîmerie. Mais Mgr de Becdelièvre avait trop bien compris les besoins de la population nimoise pour se laisser arrêter par les obstacles qu'on opposait à sa sollicitude pastorale.

Fort de son droit, il se rendit au monastère des Bénédictins et fit part aux religieux de ses plans pour le gouvernement spirituel du peuple ; il les leur envoya ensuite par écrit pour qu'ils pussent en délibérer. Tout d'abord les Bénédictins furent d'avis de refuser leur consentement ; mais l'évêque fit connaître son mécontentement et déclara qu'il passerait outre, rendant les religieux responsables des conséquences de leur refus. A cette menace, par une délibération du 6 novembre 1772, les Bénédictins consentirent unanimement au projet d'érection d'une paroisse dans leur territoire « par pure déférence, dirent-ils, pour l'évêque, et quoique plusieurs arrêts eussent déclaré le prieuré de Saint-Baudile exempt de tout service curial, auxquels ils entendaient ne déroger en rien (2). »

(1) Archives du Gard, H, 201.
(2) *Archives du Gard*, H. 203 et 203.

La mort de l'ancien prieur Limone, qui arriva en 1776, créa un concurrent séculier à dom Lobel ; ce fut *Antoine-Marie-Hercule de Brueys de Souvignargues*, curé d'Aussonne, au diocèse de Toulouse et docteur en théologie, qui obtint des provisions de Rome, le 28 janvier 1777 ; il fit viser ses bulles à l'évêché de Nimes, le 7 mai suivant et, le même jour, il prit possession sur les ruines de l'ancienne église ; le 10, il assigna dom Lobel devant la Sénéchaussée de Nimes, en délaissement du prieuré et restitution des fruits; mais dom Lobel fit évoquer l'affaire au Grand-Conseil, par exploits des 4 et 11 juin et 5 août. L'abbé de Souvignargues se désista en 1778, au moment même où ce tribunal rendait un arrêt favorable à son adversaire. Peu de temps après, le prieur consentit à partager les revenus du bénéfice avec les moines ; cet acte fut homologué le 1er juillet 1779 par un arrêt du Parlement de Toulouse, qui déclara que ce partage existerait alors même que le prieuré retomberait en commende.

Vers cette époque, les anciens bâtiments de la Valsainte tombaient en ruine de plus en plus et un maçon nommé Dumas, se disant autorisé des Pères Bénédictins, faisait faire des fouilles dans la vieille église et vendait même des pierres curieuses par leur antiquité, leur forme et leurs inscriptions. Informé du fait, le Conseil de ville délibéra, le 30 juillet 1784, que ces entreprises étaient contraires aux droits de la ville, qui avait fait construire cette église, en 511, et qui en avait fait bâtir deux chapelles, en 1517. Le Conseil chargea la commission des travaux publics d'examiner l'affaire. (1) Nous n'avons pu retrouver le rapport qui fut fait à cette occasion.

Le 11 octobre 1785, dom Lobel résigna en Cour de Rome en faveur de dom Louis BARREAU DE LA TOUCHE, religieux bénédictin, et professeur de mathématiques au collège de Sorrèze. Ses bulles furent expédiées le 7 novembre 1785, et le nouveau prieur fut installé, le 12 février 1786. Dans l'intervalle, Monseigneur de Balore, alors évêque de Nimes, avait eu l'intention de faire unir le prieuré à la mense des religieux, moyennant 5000 livres de rente destinées à procurer des retraites aux anciens curés et autres prêtres âgés ou infirmes ; les religieux s'y opposèrent, soutenant que les revenus nets, ne donneraient jamais une pareille somme de 5000 livres.

(1) *Archives de la mairie de Nimes*, L. 44.

Au moment où la Révolution vint frapper à la porte des monastères, le couvent de Saint-Baudile n'avait plus que deux religieux, Paul-Serge-Marc-Georges Guy, prieur claustral, et Vincent-Bernard St-Julien ; ces deux religieux furent chassés au mois de juillet 1791 ; le premier se retira à Narbonne, et le second à Toulouse ; le couvent et ses dépendances, jardin, verger et enclos, avaient été vendus révolutionnairement, le 25 janvier précédent, pour la somme de 32.500 livres ; les matériaux et l'emplacement de l'ancien monastère de la Valsainte furent également vendus, le 21 mars 1792, à un nommé Blachier, pour la somme de 110 livres.

Ainsi finit dans la désolation la plus ancienne institution religieuse de la ville de Nimes. Les ruines de la Valsainte n'ont plus été relevées ; elles ont même disparu sous le travail de la culture, et il devient de jour en jour plus difficile de marquer l'emplacement qu'occupait l'ancienne église du monastère. Le couvent des environs de la Bouquerie plus heureux est devenu, en 1847, la demeure des religieuses de Marie-Thérèse ; cette maison est encore l'asile de la prière et de la charité. Mais ce qui n'a pas disparu des cœurs nimois, c'est leur ancienne vénération pour la mémoire du saint martyr, qui arrosa de son sang la divine semence évangélique ; cette semence a produit des fruits abondants dans toute la cité, mais plus particulièrement dans la paroisse Saint-Charles, qui possède l'oratoire des Trois-Fontaines, et dans la paroisse Saint-Baudile, sur le territoire de laquelle s'étend la Valsainte. Au moment où nous terminons cette notice, une magnifique église ogivale s'élève sur nos boulevards en l'honneur du patron de cette paroisse et de la cité ; et puisqu'il n'est plus permis d'espérer la restauration des ruines de l'ancien sanctuaire, souhaitons au zélé pasteur qui est à la tête de cette portion de la ville de pouvoir, dans un avenir prochain, restaurer dans cette église l'antique pélerinage de Saint-Baudile.

Nîmes. — Typ. Rouyer-Soustelle, boulevart St-Antoine, 9.